「仕事映画」に学ぶ
キャリアデザイン

梅崎修・松繁寿和・脇坂明 著

WORKPLACE MOVIES FOR YOUR CAREER DESIGNS
UMEZAKI Osamu　MATSUSHIGE Hisakazu　WAKISAKA Akira

有斐閣

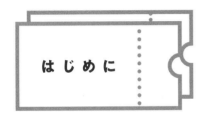

はじめに　　仕事の世界を深く理解しよう

仕事を「理解する」こと

　本書は，「仕事映画」の鑑賞を通して，仕事の世界や働く人たちのキャリアデザインを理解することを目的としている。仕事映画とは，職場を舞台にして働く人たちが登場する映画である。映画という文化的コンテンツは，もちろん楽しく鑑賞するためにあるのだが，優れた作品には，仕事の世界とキャリアデザインを深く理解させてくれる力がある。

　ここで，「正確に分析する」ではなく，「深く理解する」と書いたのには理由がある。職場やキャリアデザインを分析する学問分野は，経営学，経済学，心理学，および社会学など数多くある。それら諸学問を学ぶ際に土台となるのは，「他者の仕事体験を想像して共感できる力」ではないだろうか。

　私たちが経験できる仕事は，世の中の数多くの仕事と比べれば，圧倒的に限られたものでしかない。かなり多くの転職を繰り返した人であっても，直接的に経験できた仕事は，ほんの一部である。また，大多数の大学生は，アルバイト以外の仕事経験をほとんど持っていない。しかし，そもそも，すべての仕事を経験することはできないし，とくに過去の仕事に関しては，どれだけ頑張っても経験できない。農機具が発展していなかった明治時代の農業労働がいかに過酷なものであったか，あるいは，工場労働者の保護を目的とした工場法（1911〔明治44〕年公布，1916〔大正5〕年施行）が適用される前の工場勤務がいかに疲労するものであったかについて理解することは，非常に難しい。文献からそれらを「知る」ことはできるかもしれないが，働く実感をともなって「理解する」ことは，とても難しいのである。

　もちろん，多くの学問領域では，仕事の世界を分析するために職場を観察し，数値データを集め，職業人にインタビューを行ってきた。しかし，せっかく集めた情報も，自分本位に解釈してしまえば，本当の理解にはたどり着けない。

働く人たちを調査対象として外側から観察するだけでなく，「もし自分が相手の立場ならば」というように相手の内側を眺め，彼／彼女らが見ている世界を想像できることも求められる。ところが，どのようにすれば，そうした力が身につくのかがわからないのである。

　筆者らは，仕事映画がその学びのための教材になるのではないかと目を付けた。仕事や職場を描いた素晴らしい表現が，仕事映画のなかには含まれている。私たちは，直接的には経験できない仕事であっても，映画鑑賞を通じて間接的にそれらを経験できる。結果として，仕事映画は，見た人たちの仕事の世界を広げてくれる。それが，映画を含めた文化的コンテンツの潜在的な可能性である。

仕事映画の 3 つの学び方

　仕事映画には，次の 3 つの学び方がある。本書の「取り扱い説明」として，それぞれについて以下で述べてみよう。

　第 1 の学び方は，作品から仕事や職場の具体的な情報を得るという方法である。たとえば，実際の職場がロケ地に選ばれている古い映画のなかには，すでに失われた職場風景がそのまま映像として残っているし，『ALWAYS 三丁目の夕日』のように，優れた撮影技術によって過去の職場を復元している映画もある。すなわち，仕事映画を見ることで，「こんな職場で，このような働き方をしていたのだな」という感覚を得ることができる。この感覚の蓄積が，先に述べた「仕事の世界に対する想像力」を強めてくれることは，いうまでもない。

　さらに，丁寧な取材に基づいて職場を取り上げた作品には，普段は見ることのできない会社の裏側，たとえば工場や店舗のバックヤードなどが描かれている。実際にその場で働いている人にしかわからない職場の仕組みを見られることも，仕事映画の魅力である。

　次に，第 2 の学び方として，優れた映画には，見る人たちが登場人物の感情に寄り添えるような表現が含まれており，作品を通じていつの間にか仕事人たちの内面世界に近づけるということがあげられる。

　もちろん，私たちは日常的に他人の仕事を見ている。しかし多くの場合，それは単なる風景でしかない。たとえばスーパーマーケットは，自分にとって買

いたいものを探す場所でしかない。商品を仕入れて，並べ方を工夫し，バック
ヤードで惣菜をつくり，試食のコーナーで客に話しかけ，レジで客の応対をす
るといった，さまざまな仕事そのものや，それらに携わり働く人たちを見てい
るわけではない。ところが，仕事映画を見れば，そうした見慣れた風景が特別
な場所に変わる。素晴らしい仕事映画は，登場人物たち（仕事人）を，まるで
以前からの知り合いであったかのように感じさせてくれるのである。

　ただし，ほとんどの映画はフィクションなので，事実が誇張されて描かれて
いたり，非現実的な架空のエピソードが挿入されたりしていることには注意が
必要である。むろん，映画のような表現の世界は研究とは異なって，単なる正
確さだけが評価されるわけではなく，フィクションを交えたからこそ人々を感
動させることもある。とはいえ，本書のように映画を教材として使う場合には，
間違った情報を真実と勘違いされないようにしなければならない。そこで本書
では，映画の内容紹介に加えて，歴史や社会の事実に関する社会科学の知見を
説明し，フィクションとノンフィクションとの違いをはっきりさせて仕事の世
界を解説した。

　しかし，その一方でフィクションであるからこそ，その特性を生かした学び
方がある。それは，映画を見る人たちの側から作品を読み解くという方法であ
る。つまり，なぜある作品が人気を集めたのかということを，物語の構造や登
場人物の台詞から読み解いていくのである。

　たとえば，第13章で取り上げる，クレージーキャッツの出演映画は，その
ほとんどが非現実的なコメディである。しかし，非現実的だからこそ，それを
見ていた当時の人たちの社会意識を理解できるかもしれない。人気の仕事映画
は，働く人たちがどんな職場に憧れていたのかという問いに対する答えととら
えることもできる。現実の職場とは違うからこそ，強い憧れが生じたり，その
憧れをどうにかして実現しようと考える人たちが出てくるのである。このよう
に，見る人の思いを想像するということが，仕事映画の第3の学び方である。

　以上，3つの学び方を説明した。これらの学び方を意識しながら，本書では，
諸学問が蓄積してきた理論や働く現場の最新情報を紹介しつつ，仕事の世界や
人々のキャリアデザインを読み解いていく。

仕事映画の学び方

(1)　職場のリアルを知る

(2)　働く人たちの内面世界を意味解釈する

(3)　映画を見る人たちの社会意識を把握する

本書の構成と取り上げる映画

　続いて，本書の章立てと，取り上げる映画についても紹介しておこう。次ページの表に示すように，本書は2部15章で構成されている。詳細に検討した仕事映画は22作品だが，そのほかにも関連する作品を随時紹介した。

　第1部では，主人公たちの職業人生（キャリアデザイン）に焦点を当てる。第1章では新規学卒の就職活動が，第2章では若者の初期キャリア形成という新人の育成過程が取り上げられる。第3章では，実際に働く人たちに求められる技能と職場の改善活動について，また第4章では，企業の雇用システムについて国際比較の観点からも説明する。第5,6章は，ワークライフバランスや自己投資・転職という，キャリア選択をめぐるテーマを取り上げる。第7章は，小規模企業経営の世界を紹介する。そして第8章では，人生100年時代ともいわれる現代における高齢者雇用の問題が説明される。

　続いて第2部では，組織や社会の変化に光を当てて，そうしたなかで登場人物たちの働き方がどのような影響を受けたのかを説明した。第9章は，労働史の観点から，急激な産業化のもとで種々の労働問題が生じてきた時代を扱っている。第10, 11, 12章は，企業のコーポレート・ガバナンス，産業構造，および地域経済圏について，それぞれの変化を論じる。これらの変化は，近年も加速度的に進展し続けている。第13章では，ふたたび労働史の観点から，高度経済成長期におけるサラリーマン社会の誕生を扱う。最後に第14章と第15章では，格差の問題，そしてしばしばそれを顕著に体現することになる外国人労働者の問題を取り上げ，作品の背後にある社会の構造を考察する。

　以上のように本書では，個人（ミクロ），組織（メゾ），社会（マクロ）という3つの視点から映画を見直し，仕事にかかわるさまざまなテーマを議論していく。第1章から第15章まで順に読んでもらってもよいし，好きなテーマを選んで自由な順番で読んでもらうこともできる。

本書の構成

変動期のキャリアデザインとサポート教養力

　近年は，現実にも，キャリアデザインの不確実性が高まってきている。仕事映画はその変化を反映しているのである。実際のところ，仕事に関しても生活に関しても，キャリア選択に悩む人が増えてきている。その原因となっている

社会環境の変化に関し，特徴的な点として以下の4つがあげられる。

　第1に，ITやAIに代表される技術革新によって，産業構造と事業内容，さらに仕事で求められる能力が大きく変化している。しかも，その変化の頻度が高いのである。スキルはすぐに陳腐化し，将来なくなってしまう職種も予測されている。

　第2に，経済の急激なグローバル化によって国際的な競争環境が生まれ，ヒト・モノ・カネの移動が広範囲かつ高速になっている。全世界の人々が商取引の相手になりうるし，グローバルな労働市場のなかでの競合にもなりうる。

　第3に，顧客ニーズの急激な変化や商品サイクルの短縮化が起こっている。新商品が続々と開発されては古くなっていく時代のなかで，そのサイクルに合わせて次々に新しい知識や能力を獲得していくことが求められる。

　第4に，寿命が延びることで仕事から引退する年齢を遅らせる必要が生まれている。人生100年時代になれば，65歳定年後の時間は35年にも及ぶことになる。現役世代が減少し，引退後世代が急増すれば，国家財政も破綻してしまう。人生100年時代とは，言い換えれば，高齢者が働き続ける社会の到来である。だからこそ，長期のキャリアデザインが求められている。

　以上の変化に対して，企業の側も個人の側も変わっていく必要に迫られている。企業は，雇用システムを変化させている最中にある。人口減少による人手不足に対応するために，今まで就労していなかった高齢者や主婦にとっても働きやすい雇用環境の整備が進められつつある。働く側も，従来のように長期雇用を前提として1つの会社に定年まで勤められればよいという固定観念にとらわれることなく，転職も視野に入れつつ，自分のキャリアをデザインしていかなければならない。キャリアの先行きの不透明さは，1人1人を疲弊させるかもしれない。

　このような変動期にキャリアを歩き出さなければならない人たちにとって，本書を読む意味は何であろうか。本書には，ビジネス書や自己啓発本のように，高所得や社会的地位を獲得するための自助努力のノウハウが書かれているわけでもない。

　筆者らは，このような社会でこそ，学校・会社・地域において，他人のキャリアデザインをサポートできる人が求められると考えている。もちろん，自分

で自分のキャリアをデザインしてほしいし，本書を読んで自分のキャリアを展望する力を養ってもらいたい。しかしそれだけではなく，さらに一歩進んで，他人のキャリアデザインをサポートする力も身につけてもらえたら，本書の目的は達せられたといえると思う。

　社会の変動期に，たった1人でキャリアデザインできる人は少数なのである。もしかしたら，1人でキャリアデザインできるという考えは，自分勝手な思い込みかもしれない。だとしたら，互いに支え合う社会をつくるためにも，他者のキャリアデザインをサポートできる人がもっと増えてほしい。それは，小手先のサポート・スキルでは果たせないことであると，筆者らは考えている。他者の経験を深く理解できなければ，サポートは成り立たないのである。

　以下の各章では，仕事映画を紹介し，社会科学の膨大な知見から作品世界の背景を説明して，職場とキャリアデザインを読み解いていく。それによって身につくのは，先述した他者への共感的想像力と，幅広いサポート教養力ではないだろうか。本書で，映画を楽しみながら，想像力と教養力を磨いてもらいたいと考えている。

著者紹介

梅崎　修（うめざき・おさむ）　　　　執筆分担　はじめに，第 1, 3〜6, 13 章，おわりに
法政大学キャリアデザイン学部教授，経済学博士
略歴　1970 年生まれ。2000 年，大阪大学大学院経済学研究科博士後期課程単位取得満
　　期退学。法政大学キャリアデザイン学部専任講師・准教授を経て，現職。
専攻／研究テーマ　労働経済学，労働史／雇用システム，労使関係，キャリア
主要著作　『労働・職場調査ガイドブック』（共編著，中央経済社，2020 年），『学生と企
　　業のマッチング』（共編著，法政大学出版局，2019 年），『人事の統計分析』（共編著，ミ
　　ネルヴァ書房，2013 年），『仕事マンガ！』（ナカニシヤ出版，2011 年）ほか

松繁　寿和（まつしげ・ひさかず）　　　　　　執筆分担　第 2, 7, 10, 14, 15 章
大阪大学大学院国際公共政策研究科教授，Ph.D. in Economics
略歴　1957 年生まれ。1989 年，大阪大学大学院経済学研究科単位取得満期退学。1990
　　年，オーストラリア国立大学太平洋研究科にて Ph.D. 取得。南山大学経済学部講師，
　　大阪大学経済学部助教授，同大学院国際公共政策研究科助教授を経て，現職。
専攻／研究テーマ　労働経済学，教育経済学，人事経済学／教育効果の測定，人事マイ
　　クロデータ分析
主要著作　『教育効果の実証』（共編著，日本評論社，2013 年），『人事の統計分析』（共編
　　著，ミネルヴァ書房，2013 年），『社長の書棚』（共編著，生産性出版，2011 年），『キャ
　　リアのみかた』（共編，有斐閣，初版 2010 年；改訂版 2014 年），『労働経済』（放送大学
　　教育振興会，初版 2008 年；改訂版 2012 年）ほか

脇坂　明（わきさか・あきら）　　　　　　　執筆分担　第 8, 9, 11, 12 章
学習院大学経済学部教授，経済学博士
略歴　1953 年生まれ。1982 年，京都大学大学院経済学研究科博士課程単位修得退学。
　　岡山大学経済学部講師・助教授・教授を経て，現職。
専攻／研究テーマ　労働経済学／雇用政策，人事管理，女性労働
主要著作　『女性労働に関する基礎的研究』（日本評論社，2018 年），『労働経済学入門』
　　（日本評論社，2011 年），『日本型ワークシェアリング』（PHP 新書，2002 年），『職場類
　　型と女性のキャリア形成』（御茶の水書房，初版 1993 年；増補版 1998 年）ほか

目　次

第**1**部

主人公たちの<ruby>職業人生<rt>キャリアデザイン</rt></ruby>を見る

第**2**部

映像に映し出された変動する社会

第 **1** 部

キャリアデザイン

主人公たちの職業人生を見る

CONTENTS

自分を「売る」とは

新規学卒労働市場

・何者（2016年，日本）

本章の目的

　大学生にとって就職活動は，それまでの人生のなかではかなり大きなイベントであろう。アルバイト経験を除いて，今まで商品サービスの消費者（買う立場）として生きてきたのが，はじめて売る立場へと変わるのである。しかも，売るものは「自分」という存在（正確には，自分が生み出す労働サービス）なのだから，未経験な市場で試行錯誤するのも当然と思える。とくに大学生の就職活動は，時代ごとの環境に大きな影響を受けてきた。景気変動，ITなどの発展，経営者団体などによる採用ルールの変更が起こるたびに，就職活動も大きく変化した。本章では，『何者』に代表される就職活動映画を取り上げ，若者たちの就職活動を議論したい。

作品紹介

『**何者**』（2016 年，日本，東宝，98 分）

キャスト　佐藤健（二宮拓人），有村架純（田名部瑞月），二階堂ふみ（小早川理香），菅田将暉（神谷光太郎），岡田将生（宮本隆良）ほか

スタッフ　監督・脚本：三浦大輔
　　　　　　原作：朝井リョウ（『何者』新潮文庫）

ものがたり　就職活動を舞台にした映画である。正確には，就活そのものよりも，SNS 時代における若者同士のコミュニケーションがテーマといえる。今どきの就職活動のなかで，若者たちが何に直面しているのかが，よく描かれている。原作者の朝井リョウは，同名の小説で第 148 回直木三十五賞を受賞した。この作品には，受賞当時 23 歳だった朝井の，大学生としての経験や，大学の内側から観察された学生たちの姿が活かされているのかもしれない。

「何者 通常版」
DVD 発売中
発売・販売元：東宝株式会社
©2016 映画「何者」製作委員会

　おもな登場人物は，5 名の大学 4 年生である。主人公の二宮拓人は，演劇サークルに所属して脚本を書いていたが，就職活動を機にそれをやめる。冷静な分析は得意なのだが，その分析が自分にまで及んで自意識過剰である。神谷光太郎は，拓人の同級生でルームシェアをしている友人である。バンドに熱中する天真爛漫な若者で，コミュニケーション力も高い。田名部瑞月は，拓人の片思いの相手である。真面目で素直な女子学生で，1 年間の海外インターンシップ経験がある。瑞月が海外インターンシップで知り合ったなかに，小早川理香がいる。就職活動にも意識高く取り組み，自家製の名刺をつくって，模擬面接や OB/OG 訪問にも積極的だが，実際は空回りしている。理香は，宮本隆良と同棲している。クリエイター志望で就職活動に批判的な隆良は，当初は就職活動をしないと宣言していたが，後になり，みなに隠れてコソコソと就職活動を始める。

　このような 5 名の若者が就職活動に直面し，SNS に過剰な自意識を漏らしながら迷い続ける姿が描かれる。

🎬 新卒一括採用というルール

はじめに，就職活動の歴史を調べた難波（2014）や野村（2007）をもとに，就職・採用活動の歴史を説明しよう。

他の先進国と比べた日本の就職・採用活動の特徴は，大企業を中心に行われている新卒一括採用だといわれている。大学と企業が同じスケジュールを共有し，4 月入社に向けて就職・採用活動を行うという雇用慣行は，1895 年に日本郵船と三井から始まったといわれる。その後 20 世紀に入って多くの大企業に広がった。新卒一括採用の企業側の利点は，バラバラに採用するよりも 1 人当たりの採用費用が割安になることである。また，採用のみならず入社後の人材育成も一律で行えるという利点もある。

ただ，企業には，つねに他社を出し抜いて採用活動を開始するという誘因が働いている。競争の結果，徐々に就職・採用活動のスケジュール自体が早くなる。すでに 1950 年代には，「青田買い」という言葉が使われていた。文部省（現，文部科学省）も経営者団体も，「協定」を結んでスケジュールをコントロールしようとしたが，個々の企業を縛ることはできず，抜け駆けが減ることはなかった。ルールは形骸化し，それでさらにルールをつくるという「いたちごっこ」が続いて 2010 年代にいたった。日本企業が新卒採用に力を入れ始めたときから，就職・採用活動をめぐる混乱は始まっていたといえよう。

ちなみにアメリカ企業も，一部の有名大学を対象に新卒一括採用を行っている。「キャンパス・リクルーティング」（campus recruiting）は，採用担当者が大学を訪問して，企業説明を行い，学生を採用するという採用方法である[1]。ただし，これは全大学を訪問するわけではないので，有名大学の学生と人気企業だけに限定された関係といえる。

このような新卒一括採用は，仕事経験がない若者を一度に雇って育てる仕組みであるため，日本でこれが広まったことは，他の先進国と比べて若年失業率を低い水準に抑えることのできた理由と考えられる。こうした慣行がない限り，職業経験のない若者たちは，即戦力として雇われることはないので，職業訓練

●1　アメリカ企業における新卒採用については，関口（2014）が詳しい。

COLUMN about movies

アメリカ型インターンシップ

　アメリカにも就職活動を描いた映画はあるが，変わり種の1つに，『インターンシップ』（2013年）というコメディがある。デジタル化の時代，携帯電話が普及して時計は売れなくなり，時計販売会社が倒産，やり手営業マンであったおじさん2人も失業してしまう。彼らはそこで，グーグル社が主催している学生向けの長期インターシップに潜り込んで転職しようとする。IT音痴でもセールス・トークは抜群の2人は，落ちこぼれ学生をまとめて見事にチーム課題を達成し，入職チケットを獲得する。実在する企業が舞台とはいえ多分にフィクションが盛り込まれているのだろうが，この作品からアメリカでは採用直結型のインターシップが多く実施されていることがわかる。

　一方，日本政府は，2019年現在，採用直結型のインターシップに対しては禁止を要請していた。これを認めると，日本企業と大学の間で形成されてきた「新卒一括採用」のスケジュールが崩れてしまうからである。しかし，企業の側にも「新卒一括採用」を廃止すべきという意見もあり，議論が続いている。

を受けられる場所を自力で非正規雇用などのなかに探さなければならなくなる。

▶️ 景気変動と就職活動の歴史

　就職・採用活動の歴史を語るうえで欠かせないのが，景気変動である。不況によって求人倍率が著しく下がり，大学生が苦労するという現象は，戦前からあった。たとえば小津安二郎監督の『大学は出たけれど』（1929年）は，そうした大卒者の就職活動の苦労を描いた映画である。そこに描かれているのは，第一次世界大戦が終結したことで，1920年代に入って輸出が激減し，多くの企業の業績が悪化して，採用数が減った時代である。当時のような大学進学率が低い時代の大学生は，本来，学歴において社会のエリートであるが，不況になれば，労働市場において弱者になってしまっていたのである。

　一方，過去には学生のほうが圧倒的に有利となる好景気の時代もあった。若き加山雄三がスポーツ万能の好青年を演じた若大将シリーズ（1961～1971年）は，高度経済成長期を代表する大ヒット・シリーズであるが，そのうちの一作『フレッシュマン若大将』（1969年）では，大学生の若大将・田沼雄一の就職活

バブル期の就職活動（ディスコで入社式，1992 年）

（提供）　朝日新聞社。

動が描かれている。タクシーの乗車拒否にあった人を助けていて，自動車会社の採用面接に大遅刻した若大将が，偶然，会社で会話したおじさん（じつは社長）の一押しで合格となるシーンからこの映画は始まる。じつに平和で能天気な就職活動である。

　さらに，大卒求人倍率（後掲の図 1-1 を参照）が，ここ 30 年ほどで最高だった 1991 年に公開された，織田裕二主演の『就職戦線異状なし』では，内定者が温泉旅館に拘束されたり，高級時計やスーツをプレゼントされたり，銀座で接待を受けたりする。今から見ると異常なシーンに思えるし，そもそも現代の大学生たちは，これを見ても何のことだかわからないかもしれない。これは，2010 年代後半以上に人手不足だった当時，他の企業を受けないように内定者たちを引きつけておく必要があったということなのである。

　もちろん，これらの映画は多分に戯画化されている面がある。したがって，すべての大学生が登場人物たちのような恩恵を受けたわけでもないのだろうが，バブル経済期の人手不足状況下にあって，学生たちは有利な立場におり，なおかつそれを謳歌したことは確かであろう。

◼️◀ フリーターという言葉

　ところが，バブルが弾けると，お祭のようだった学生に有利な新卒労働市場は一瞬にして吹き飛んでしまい，学生に厳しい時代がやってきた。そして，そ

れにともなって，若者の働き方に対する社会的価値観も変化した。

　変化のわかりやすい一例として，バブル期の 1987 年に，リクルートのアルバイト情報誌『フロム・エー』（現在は休刊）の創刊 5 周年を記念した，『フリーター』（横山博人監督）という映画が公開されている。映画のパンフレットには，「近頃，社会を自由形で泳ぐ奴らがいる」「バイトも完全就職も超えた──いま 1 番新しい究極の仕事人♡フリーター，アッと驚くニュービジネス大全集！」という文章が並んでいる。このようなフリーター礼讃の論調は，当時のマスメディアにおいても一般的であった。

　このころのフリーターに対する肯定的な見方は，好景気を背景とした大企業における組織内キャリアへの嫌悪から生じていたとも考えられる。バブル期は，たしかに職探しには困らなかったし，給料も上がった。しかし，「24 時間働けますか」という歌詞の CM ソング（「勇気のしるし〜リゲインのテーマ〜」1989 年）が話題になったことからもわかるように，「ジャパニーズ・ビジネスマン」は，高度成長期と変わらずワークライフバランスを無視した労働環境にいた。だからこそ，フリーターという，会社に縛られない新しい働き方が，若者たちによって願望されたのである。

　しかし，その後，景気が悪化すると，求人は減少し，非正規であるフリーターの雇用不安は高まって，そのイメージも様変わりした。そうなってから正社員に戻ろうとしても，不景気のもとで中途採用の門は狭く，容易には戻れないという社会問題も生じた。

🎥 世代のリスク

　このように，学生の就職活動は，学生個人の努力や選択を離れ，景気によって大きな影響を受ける。ここで，世代間の違いをデータから確認してみよう。図 1-1 に示したのは，1987〜2019 年に卒業した大学生が 3 年生末（つまり，就職活動中）だった時点での大卒求人倍率である。1990 年に入って求人倍率が大幅に下落したのは，バブル崩壊の結果である。その後，景気は長期停滞し，この期間に就職活動をしていた世代は，「就職氷河期世代」と呼ばれるようになる。表 1-1 は，就職氷河期前後の世代を整理したものである。2000 年代後半は IT 企業の躍進によって景気が上向いたものの，2008 年にアメリカの証券会

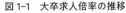
図 1-1　大卒求人倍率の推移

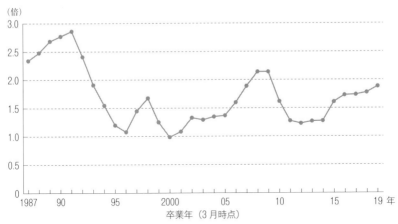

（出所）　リクルートワークス研究所「大卒求人倍率調査」より作成。

表 1-1　世代の整理

大学卒業年	世代（名称）
1989〜1993 年卒	プレ氷河期世代
1994〜1998 年卒	前期氷河期世代
1999〜2003 年卒	後期氷河期世代
2004〜2008 年卒	ポスト氷河期世代

（出所）　連合総合生活開発研究所（2016）より作成。

社リーマン・ブラザーズの経営破綻に端を発した世界同時不況が起こり，ふたたび景気は後退した。それからは徐々に回復し，2019 年にいたった。

　このような景気変動は，就職活動の結果に影響を与えるだけではない。就職活動時期の景気動向は，その後の労働条件を含むキャリアにも長期の影響を与える。この事実は，「世代効果」と呼ばれている。

　就職活動に苦労しても，その後景気がよくなったら就職または転職すればよいではないかと思う人もいるかもしれない。しかし，新卒労働市場で就職できなかった若者は，アルバイトを続けたり，不本意ながら無業になってしまったりして，教育訓練の機会を喪失するのである。前者はフリーター，後者はニー

トと定義される。ニート（NEET）とは，"not in education, employment or train-
ing"の略語で，就学・就労・職業訓練のいずれも行っていないことを意味する。
厚生労働省が若年無業者の職業的自立を促すための相談窓口として，地域若者
サポートステーション（通称サポステ）を設置して事業を開始したのは，2006
年であった。また，仮に不況時に就職できても，会社の業績が芳しくないゆえ
入社後に十分な企業内教育を受けられなかった若者は，自らの職業能力を高め
ることが難しく，雇用が不安定なままになったり，賃金などの労働条件が伸び
悩んだりすることがある。

　連合総合生活開発研究所（2016）には，30歳以上49歳以下（調査時点）の4
年制大学卒の雇用者を対象に実施されたアンケート調査「就職氷河期世代前後
の大学卒就業者の仕事と生活に関するアンケート，2016」の結果が掲載されて
いる。この調査から，男性の新卒後の就業継続が，バブル期入社組の45〜49
歳は52.1％であるのに対し，卒業からの期間がより短い40〜44歳が38.2％，
35〜39歳は43.0％であった。バブル期入社組の就業継続者が多いことがわか
る。加えて，卒業後のキャリアと平均年収を比較すると，「初職正社員，転職
なし」の平均年収が680.6万円であるのに対し，「初職非正社員，次の職も正
社員以外または不明」は368.5万円，「初職非正社員，次の職が正社員」が
518.3万円，「初職正社員，転職あり」でも535.8万円であった。新卒後から正
社員として就業を継続している者が，いかに恵まれているかがわかる。しかも，
この調査は，当時の雇用者を対象としたものなので，そのときに離職あるいは
失業していたり無業だった人たちは分析から除外されていることにも，留意す
べきであろう。

　このような「事実」を現役の大学生たちが知れば，ますます就職活動の成否
に対するプレッシャーは大きくなるかもしれない。就職活動は，来年の仕事を
見つける競争ではなく，生涯のキャリアに大きく影響を与える，最初の入口を
決める競争になっているのである。

シェルターとしての相互承認の仲間集団

　就職氷河期以降，若者たちは，厳しい雇用環境にどのように対応したのだろ
うか。ここからは，片瀬（2015）に基づいて，若者の意識の変化を確認しよう。

　片瀬はまず，就職氷河期以降の若者たちの意識を理解する枠組みを提示した研究として，古市（2011）をあげている。同書は，このような厳しい経済環境のなかで「当の若者が自分たちのことを幸せだと考える『奇妙な』安定が生まれてきている」ことを指摘し（14頁），その説明枠組みとして「若者のコンサマトリー化」仮説と「仲間集団」仮説を提示した。

　コンサマトリーとは，村上（1975）が高度成長後の社会を説明するために開発した概念で，「行動それ自体の価値のみを考え，その生むはずの結果を全く考慮しない」志向性を意味し，日本の経済発展を支えてきた「一定の目的のために最善の結果を生むような手段に最終的な関心をはらう価値志向」とは異なるとされる。経済発展や産業化，あるいは，もっと身近に会社の発展という組織目標が，自分の目標であるとイメージできなければ，コンサマトリー化を選択せざるをえないとも解釈できる。古市は，この概念を若者意識の分析に援用し，若者たちが不真面目だから企業の競争力が弱まった（成長の展望がなくなった）と考え，彼／彼女らを批判して，「目標を持て」だの「まじめになれ」だのというのは，まったく因果関係が逆であるという。

　次に，「仲間集団」とは，自らつくった小さな集団のことをいい，そのなかにいる限り，たとえばより大きな集団内での経済的な不遇を直視せずに済むため，不満を感じにくくなるという機能を持つ[2]。仲間集団によって「経済的な問題」は解決されないが，友人関係における相互承認という形で「承認の問題」（後述）は解決する。若者にとって，経済的な問題は，親と同居している限りは顕在化しないので未来の問題であるが，友人関係は今の問題である[3]。若

●2　このような仲間集団の機能は，理論的には「相対的剥奪」と「準拠集団」によって説明される（浜田，2007などが詳しい）。まず，準拠集団とは，「人が自らの行動や態度を決定する際に基準となる他者や集団」と定義される。次に，相対的剥奪とは，「人が感じる不満は，その人が置かれている劣悪さの絶対的な水準によって決まるのではなく，人が達成したいと思っている主観的水準と，現実に達成された水準とのギャップから生じる」という意味である。すなわち，準拠集団内の人たちの比較には意識的だが，他の準拠集団の人たちとの比較は意識されにくい。もしこれがあてはまるならば，若者たちは同じ仲間集団内の違いは意識するが，世代間比較のような比較には不満を感じない可能性があるといえる。

●3　山田昌弘が，パラサイト・シングルという造語によって，「学卒後もなお親と同居し，基礎的生活条件を親に依存している未婚者」の存在を指摘したのは1999年であるが，

者たちが，その外側で起こっている問題から自分たちを守るシェルターとしてつくり上げたものが，「仲間集団」なのである。

■■◀ 承認の問題

　「承認の問題」を考察したアクセル・ホネットは，身分制度がなくなった近代社会では，人々は一般的に3つの領域で承認を求めると説明した（Honneth, 1992）。第1に，家族，恋人や友人関係などの親密な人間関係で成立する「情緒的な気づかい」，第2に，法的圏域での個人の平等な法的権利が求められる「認知的尊重」，第3に，労働の領域における個人業績に対する社会評価としての「社会的価値評価」である。前出の古市（2011）は，若者たちは「認知的尊重」と「社会的価値評価」を見失い，あるいは喪失しているかもしれないが，「情緒的な気づかい」によって，そのことを癒していると解釈する。

　ただし，片瀬（2015）は，古市（2011）の研究を踏まえつつ，現代の若者たちの仲間集団が「情緒的気づかい」によってアイデンティティを承認してくれるとは限らないと述べる。そこには「承認の地獄」が存在する可能性もあると主張し，若者たちの人間関係を「友だち地獄」と表現した，土井（2008）を紹介している。若者たちの集団には，「薄氷を踏むような繊細さで相手の反応を察知しながら，自分の出方を決めていかなければならない緊張感がたえず漂っている」のである（土井，2008，9頁）。

　本章の映画『何者』の隠されたテーマは，この仲間集団における心理的葛藤である。サークル活動や趣味の集いのような仲間集団であれば，「情緒的気づかい」による相互承認はありうるであろう。しかし，就職活動の場合，内定の有無という形で個人業績が明確になり，その個人業績は「社会的価値評価」そのものと解釈される。「情緒的気づかい」によって相互承認されていたアイデンティティが，就職活動という「社会的価値評価」の強制的介入によって崩壊し，「情緒的気づかい」が「友だち地獄」になる過程を描いた映画が，本作なのである。

　　2000年以降に団塊の世代が退職した後は，そうした両親の家計を基礎とする生活は徐々に成立しがたくなっている。

▶◀ SNSの自分と揺らぐアイデンティティ

　映画の登場人物たちは，就職活動を乗り越えるために仲間集団をつくる。理香と隆良が同棲する部屋と，拓人と光太郎がルームシェアする部屋が，同じマンションにあるとわかったとき，彼／彼女は次のように発言する。

　　理香：じゃあ，ここ就活対策本部にしようよ。
　　　（略）
　　光太郎：就活という荒波にお互い立ち向かっていきましょう［🌐 0:15:55 〜］

　そして理香は，自身のTwitterに次のように書き込む。

　　「就活仲間のみんなで会議中！　受験と就活は団体戦なんだってホント思う！」［🌐 0:17:26］

　これらの言葉を額面通りに受け取れば，厳しい経済環境に仲間で助け合っていこうという意味にとれる。しかし，この仲間集団においては，気づかいそれ自体が自己目的化しており，仲間の前で自分の悩みを語ったり，相手の問題点を指摘したりすることで，互いに成長できる機会は現れないといえる。主人公の拓人は，すぐにこの仲間集団の欺瞞性に気がつく。ところが自意識過剰な彼は，その欺瞞性を本人たちに指摘することはせず，表面上は何ごともなく付き合いを続けつつ，自身が持つTwitterの「裏アカウント」に以下のような観察結果を吐き出す。

　　「とても気持ち悪い空気感」［🌐 1:19:24］

　ただ，観察し批評しているだけの拓人は，自らもまた，社会のなかで承認されない（何者かわからない）存在である，ということにも気がついている。その不安は，就職活動の苦戦によって，より加速する。匿名のTwitterアカウント

において「いいね」を集めたとて，誰に承認されたといえるのだろうという不安を感じつつ，それでも彼は SNS での発信をやめられない。

　拓人から最も厳しい批評を受けていた（バカにされていた）理香は，彼を「そんな観察者ぶったって，何にもならないよ」となじる。この台詞は，「他人を観察しつつも，自分自身はその観察している他人から承認される存在でありたい」という矛盾を指摘したものである。

　そのような地獄の仲間集団から一歩外に飛び出したのは，気づかいに縛られないので，結果的に就活強者になってしまう光太郎は除くとすると，瑞月であった。彼女の母親は最近，父親の浮気によって精神のバランスを崩してしまい，そのことが自身の就職活動にも影響して，瑞月は独身寮や家賃補助制度があるような「安定した大企業」への就職を目指すようになる。瑞月は，自分では何も行動しないのに他人を見下し，「会社って結局，考え方が合うわけでもない人と一緒に仕事しなくちゃいけないんだろ」などと発言する隆良を，「仲間集団」のなかで批判する。

> 10 点でも 20 点でもいいから，自分のなかから出しなよ，そうしないと点数さえつかないんだよ，したこともないくせに自分を就職に向いていないって，自分を何だと思っているの [🌐 1:01:24]

　拓人は，隆良のこともバカにしていた。それは彼のなかに自分の一側面を見たからであろう。つまり，瑞月の批判は拓人にもあてはまる。

　それだけではない。もしかすると，この厳しい言葉は，現代の多くの若者たちにあてはまるかもしれないのである。

● 参 考 文 献

片瀬一男（2015）『若者の戦後史——軍国少年からロスジェネまで』ミネルヴァ書房。
関口定一（2014）「アメリカ企業における新卒採用——その実態と含意」『日本労働研究雑誌』第 643 号，81-91 頁。
土井隆義（2008）『友だち地獄——「空気を読む」世代のサバイバル』ちくま新書。
難波功士（2014）『「就活」の社会史——大学は出たけれど…』祥伝社新書。

野村正實（2007）「学校から『実社会』へ」『日本的雇用慣行——全体像構築の試み』ミネルヴァ書房，5-93頁。

浜田宏（2007）『格差のメカニズム——数理社会学的アプローチ』勁草書房。

古市憲寿（2011）『絶望の国の幸福な若者たち』講談社。（講談社＋α文庫，2015年）

村上泰亮（1975）『産業社会の病理』中公叢書。（中公クラシックス，2010年）

山田昌弘（1999）『パラサイト・シングルの時代』ちくま新書。

連合総合生活開発研究所（2016）「就職氷河期世代の経済・社会への影響と対策に関する研究委員会報告書」。

Honneth, Axel（1992）*Kampf um Anerkennung: Zur moralisghen Grammatik sozialer Konflikte*, Suhekamp.（山本啓・直江清隆訳『承認をめぐる闘争——社会的コンフリクトの道徳的文法』法政大学出版局　叢書・ウニベルシタス，2003年）

職業世界に入る若者たち

初期キャリア形成

第 2 章

・**プラダを着た悪魔**（2006年，アメリカ）

本章の目的

　就職とは，社会から隔絶された学校という環境から出て，実社会に直接さらされるという激変を経験することでもある。今の社会では，多くの人が，学校を卒業した後40年以上もの長い期間にわたって働き続けなければならない。にもかかわらず，学校では，どのような職業があって，どのような能力・技能・適性が求められるのか，また，希望するあるいは自分に合った職業に就くにはどのようにすればよいのかといった，きわめて重要な課題に関してあまり教えないし，学生も就職活動を始める時期まであまり考えない。働くとはどういうことかを理解しないまま社会に出ていく姿は，十分な準備がないまま小さなボートで荒波の海に漕ぎ出すかのごとくである。

　本章では，『プラダを着た悪魔』を取り上げる。この映画では，それほど起伏に富んだストーリーが展開するわけではない。仕事に対して漠然としたイメージと希望を持った状態で就職した大卒女性の物語である。しかし，その後キャリア形成に大きな影響を与えるいくつかの局面に遭遇する彼女を見ていると，仕事を身につけ自己実現を図っていくとはどういうことかを考えさせられる。具体的には，採用にいたる過程で何が重要か，人事部や上司になる者は新卒者に何を求めどのように選別するのか，採用された後どのように仕事を遂行する能力を身につけ，それをどのように発揮すればよいか，より希望する仕事を求めて転職するとはどういうことなのか。この映画から，こうしたことを学ぶことができるだろう。

┃作┃品┃紹┃介┃

『プラダを着た悪魔』*The Devil Wears Prada*（2006 年，アメリカ，20 世紀フォックス，110 分）

プラダを着た悪魔〈特別編〉
DVD 発売中
¥1,419 + 税
20 世紀フォックス ホーム エンターテイメント ジャパン

　　キャスト　メリル・ストリープ（ミランダ・プリース
　　　　　　　トリー），アン・ハサウェイ（アンドレ
　　　　　　　ア・サックス），エミリー・ブラント（エ
　　　　　　　ミリー・チャールトン）ほか

　　スタッフ　監督：デイビッド・フランケル
　　　　　　　脚本：アライン・B. マッケンナ
　　　　　　　原作：ローレン・ワイズバーガー（『プラ
　　　　　　　ダを着た悪魔』上下，ハヤカワ文庫 NV）
　　　　　　　字幕：松浦美奈

　　ものがたり　大学でジャーナリズムを専攻し卒業した
　　女性アンドレア・サックスは，ジャーナリストにな
ることを目指してニューヨークで職探しをする。彼女は，ある雑誌社の人事部に書
類を送り，面接を受けることになった。仕事は，世界的な一流ファッション雑誌
『ランウェイ』の編集長ミランダ・プリーストリーのアシスタントである。
　ところが，アンドレアはファッションにあまり興味がなく，『ランウェイ』も読
んでいない。ましてや，業界ではカリスマ的な存在であるミランダの名前も知らな
い。はじめから，将来もっと自分の希望に近い分野へ転職するつもりであり，その
足がかりとして，とりあえずの就職先と考えていたに過ぎない。したがって，面接
も散々で数分で終わってしまうが，なぜか採用される。
　ミランダは，きわめて多忙で，かつ部下に非常に厳しい上司であった。つねに，
すべてのものごとが自分のペースで進むことを望み，会社での業務範囲を超えた要
求を部下にすることも頻繁にある。アンドレアのそれまでの生活は一変し，秒刻み
の生活が始まった。
　上司からの昼夜を問わない多くの指示と仕事優先主義の圧力に耐えながら，アン
ドレアは少しずつ仕事を覚えていく。その過程で彼女は，当初は価値を見出せなか
ったファッション業界の仕事にも奥深さがあり，また，ミランダのように成果を上
げるには，深い知識，マネジメント能力，戦略やセンスが求められる，といったこ
とを学ぶ。アンドレアはだんだんと仕事にのめり込んでいき，有能なアシスタント
としてミランダの信頼を獲得するまでに成長する。しかし最終的には，誰もが憧れ

る『ランウェイ』編集長のアシスタントという仕事を離れ，もともとの希望であっ
た新聞社に転職する道を選択する。

志望通りにいかない就職

　主人公アンドレアが卒業したノースウェスタン大学は，アメリカでは難関校
の1つで，世界大学ランキングでもトップ20位に入っている。とくにプロフ
ェッショナル・スクールの評価が高く，なかでもジャーナリズム・スクールは
有名である。そこで大学新聞の編集長をしたり，学生ジャーナリズム大賞を受
賞したりしているアンドレアは，就活をする学生としての実績は申し分がない。
それでも彼女は希望するマスコミ業界に就職できず，腰かけとしてファッショ
ン雑誌の編集長の秘書に応募した。このように優秀な学生でも思い通りに就活
が進むわけではないことがわかる。

　当然ながら，日本でも，すべての新卒学生が第1志望の就職先に就職できて
いるわけではない。このことに関して，日本には十分な規模で行われた正確な
調査は存在しないが，およそ半数は第1志望に就職できていないと考えてよい
だろう。日本生産性本部「職業のあり方研究会」・日本経済青年協議会（2014）
は調査対象が特定の研修会に参加した者に限られているという問題があるが，
これによれば，2014年に第1志望に入社できたと回答した就活生は55.0％で
ある。

　大卒者に限った調査も多くはないが，たとえば梅崎・田澤（2013）の，ある
大学の2007年における大学4年生を対象とした調査がある。ここでの分析結
果をもとに計算すると，35.6％が第1志望の仕事を獲得していることになる。[1]
また，梅崎（2004）は，1998年における日本の有名国立大学社会科学系学部卒
業生を対象とした調査に基づく研究であり，それによれば同比率は52.0％で
ある。アンドレアの出身校がアメリカのトップスクールの1つとされる有名校
であることや映画が製作されたのが同時期であること考えると，梅崎（2004）

●1　「第1志望企業に内定」「第1志望以外に内定」「就職活動中」のうち（「大学院進学予
　定」「その他」は除く），「第1志望企業に内定」した者の割合。

図 2-1　就職内定率の推移

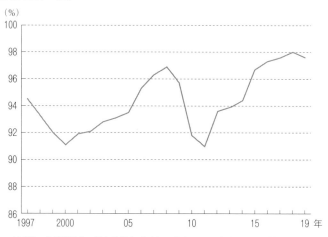

（出所）　文部科学省・厚生労働省「平成 30 年度 大学・短期大学・高等専門学校
及び専修学校卒業予定者の就職内定状況等調査」より作成。

のデータと対比するのは参考になるだろう。

　望んだ仕事を手に入れられるかどうかは，学校を卒業するときの景気にも，強く影響を受ける。第１章でも議論した通り，景気がよいときは，仕事を探す側（労働力を売る側，すなわち労働供給側）にとっての売り手市場になり，景気が悪いときは，彼らを採用する側（労働力を買う側，すなわち労働需要側）に選択の余地が広がる買い手市場となる。

　その動きをとらえる指標の１つが，新卒者の就職率である。いうまでもなく，新卒者の就職率と景気の間には，正の相関がある。残念ながら，学校を卒業する者にとって景気の変動は，自分ではどうしようもない問題である。図 2-1 に示した過去 20 年間の就職内定率の推移には，景気の動向がはっきりと反映されている。日本経済は，バブル崩壊の影響が長引いて 1990 年代後半にはデフレ・スパイラルに陥り，出口を見出せない状態が続いた。じつは，その後に景気は回復に向かったが，当初は雇用の回復をともなわず，内定率は 2000 年に底を迎えた。それでもさらに景気回復は続き，徐々に雇用も上向き出した途端，2008 年にはリーマン・ショックが起こり，新卒者の内定率は突然，ふたたび落ち込んだのである。

　ただ，この映画が公開された 2006 年のアメリカは，まだリーマン・ショックの前である。2002 年から 2006 年のアメリカの経済成長率は 1.7 %，2.9 %，3.8 %，3.5 %，2.9 %で，景気はそれほど悪くなかった。にもかかわらず，主人公アンドレアのような有名大学出身者でも，希望通りの就職ができるとは限らないのだ。

▶🎬◀ 面接と人事部の目

　ミランダは，それまで，現に働いているスタッフ等を通じて，人づてにアシスタントの募集を行っていたようである。現在のアシスタント（エミリー）は，ミランダの細かな命令を常時神経質に気にして働いており，それなりに仕事をこなしている。また，『ランウェイ』の編集長のもとで働いていることを強く意識し，ファッションにも力が入っている。しかし，これまでに彼女が推薦した数人のアシスタントは，ミランダにまったく気に入られず，何人もが離職していった。

　一方，アンドレアは，まず履歴書を人事部に送っており，そこから採用候補としてミランダに紹介された。ランウェイの従業員ともなれば，みなファッションに注意を払い，会社の業務にふさわしい格好をしている。ところが，面接に臨んだアンドレアは平凡な服装に身を包んでおり，周囲から浮いてしまう。これまでの採用基準からすれば，合格は望むべくもなく，面接も数分間で終わってしまうというありさまである。しかしアンドレアは採用された。

　企業の人事部は，個々の従業員に関して詳細な情報を持っていなければならない。欠勤・怠勤状況や，人事評価結果，賃金などといった，通り一遍の従業員データを眺めているだけでは，人事の仕事は果たせない。雇い入れの要望が出された際には，必要とされている技能要件を把握し，社内に移動可能な適任者がいるかを迅速に探り，それで見つからなければ社外からの採用方針を立てるなどしなければならない。また，社内における人間関係上のトラブル解決や，時にはパフォーマンスが落ちている従業員に対して個別に時間をとり家庭の問題ともども相談に乗るなど，さまざまな対応が求められる。

　雑誌の編集長であるミランダのアシスタントが頻繁に入れ替わるという情報は，人事部にも入っていたに違いない。そして，アンドレアがミランダの眼鏡

に適う人材であり，また，彼女のような人物であればミランダのもとで働き続けられるとの判断も，人事部はきっとしていたであろう。その目に狂いはなかったのである。

　ミランダを満足させたのは，アンドレアの履歴書と彼女が別れ際に放った捨て台詞だった。面接では聞く耳を持たないように振る舞っていたミランダだが，後に，この言葉が採用を決断させたことをアンドレアに明かしている。その後のアンドレアの成長を見ると，ミランダにも人を見る目があったことは間違いない。

　　なぜあなたを雇ったかわかる？　いつもは同じような子を雇うの。おしゃ
　　れで，もちろん細身の子。うちの雑誌の崇拝者よ。でもそういう子は，結
　　局……なんていうか……期待はずれってことが多い。それに……頭が悪い。
　　　だから，あなたのあの素晴らしい履歴書と，仕事観とやらについてのご
　　立派なスピーチを聞いて，あなたは違うかもしれないと思ったの。自分に
　　言ったわ，「さあ，賭けてみるのよ。この利口で，太った子を雇うのよ」
　　ってね［🌐 0:30:30］

🎥◀ 入社後の成長

　この映画には，新入社員が段階的に技能を身につけていく様子が描かれていて面白い。それは，単純な仕事の習得から，仕事の幅の拡大，非定型業務，判断が求められる仕事への移行というプロセスである。

　運よく採用されたとしても，会社に入りたての新人にできる仕事はほとんどない。アンドレアも，最初に先輩から任された仕事は，電話の取り次ぎであった。メッセージを伝達するだけでも簡単ではなく，まず相手の名前さえ確実に覚えられない。話のスピードについていけず，要件を的確にメモすることもできない。

　しばらくして，なんとか電話番ができるようになると，コーヒーの用意や犬の散歩，ボスが要求する服の準備に追われる生活が始まる。時には，ハリケーンで全便欠航となっているなか，どうにかして飛行機を手配するよう指示されたり，ミランダの子どものためにまだ出版されていない『ハリー・ポッター』

の原稿を入手するように命令されたりといった，無理難題を押しつけられる。

　ブラックな仕事，時間に追われ新たな業務をこなしきれない状態が，コミカルに描かれるが，それらもこなせるようになったアンドレアは，ミランダのスケジュール管理を任されるようになって秘書としての独り立ちを果たす。さらに，ミランダの取引関係者の名前を覚え，彼らの履歴や仕事上のかかわりを頭に入れ，的確かつ効果的なアシストを先回りしてできるようになっていく。こうして，徐々にボスの信頼を勝ち取っていったのである。与えられた仕事を定型通りに進めているだけでは，技能のレベルは進化しないし，周囲に認められることもない。

　この映画で取り上げているのが秘書の仕事であるという点は，日本における採用直後の新人社員と異なるところであろう。日本企業でアンドレアの仕事に相当する業務を担っているのは，秘書室といって，かなりの経験を積んだ，それも有能な正社員が配属されるような部署である。秘書の仕事の最も大きな利点は，会社のすべての業務の内容と流れを経験できることである。ボスが忙しいなかでどのように仕事のやりくりをするか，限られた時間でいかに重要な決断を下すかを観察できる。OJT（後述）を通じてマネジメントを身につけるには，絶好の場所といえよう。アンドレアが若いときにマネジメントを学べる場所で働けたことは，幸運であったといえる。

■ 社内・社外の人的ネットワーク

　人材を見抜き育成することは，優秀なマネジャーであるために重要な要件の1つである。映画では終盤に，ミランダをランウェイの編集長から外そうとする動きが起きる。アンドレアが急いでそのことをミランダに告げようとすると，ミランダはすでにそれを知って対策を練っていた。ミランダが防衛に使った切り札は，自身が育ててきたカメラマン，デザイナー，執筆者，モデルなどの彼女を支持する人々と，彼らによって形成されているネットワークであった。自分が去れば彼らも一緒にランウェイを離れることになるといって，ミランダは編集長交代の計画を取り下げさせたのである。一見冷徹なビジネスパーソンであるミランダが，人を育て上げ，社内外に人的資産とネットワークを築き上げていたことがわかるシーンである。アンドレアの有能さを見抜いて採用したこ

とからもわかるように，ミランダも優秀なマネジャーとしての能力を身につけていたのである。

　一方，アンドレアも，社内外の人的ネットワークに頼って問題を解決している。入社直後の時期，自分の努力がミランダに認められていないことを情けなく思った彼女は，その思いを同僚に話しにいく。すると同僚から，ランウェイで働くことを夢見ている人は無数にいて代わりはいくらでも見つかることや，アンドレアの仕事に関する考え方の甘さを指摘される。アンドレアは彼の助けを得て服装を変え，のみならず仕事への取り組み姿勢も一変させる。先述した，未刊行の『ハリー・ポッター』の原稿を手に入れろという指示も，社外の人脈をたどってなんとか解決してしまう。通常業務にかかわる人間関係以外のところにも届いていた社内外の人的ネットワークが，パフォーマンスに大きく影響することが見て取れる。

　アメリカの学会では，また，その影響を強く受ける日本の学会においても，学業成績やペーパーテストで測られる認知能力に加えて，コミュニケーション力や対人力等の非認知能力の重要性が注目されるようになってきている。一般には漠然と認められているものの従来は明快に把握されてこなかった，働くうえで求められる非認知能力は，この映画でも重視され，自らの持つ人間関係の蓄積が戦力の源であることが意識されている。

　ただ，この非認知能力の重要性という問題は，学校での勉強が社会に出てどれほど役立つのかという問いにも関係してくる。高校や大学で学んだ授業の内容が，実際の仕事において具体的に役立つかどうかはわからない。「読み書きそろばん」という言葉で表されるような，近代社会で生きていくために求められる基本的な能力はもちろん必要であるが，それらは義務教育，それも中学1，2年の内容で事足りるのかもしれない。ましてや，大学入試で問われるような数学・理科あるいは社会科系科目の詳細な知識は，研究職等の特殊な職種や業務に就くのでもない限り，日々の仕事で必要とされる場面を想像することは難しい。

　この映画のなかでも，大学での勉強を通じて得た知識がそのまま就職後に役立つというシーンはない。アンドレアは立派な学歴を持ち，在学中の成果にも華々しいものがあった。しかし，ランウェイでの仕事において，彼女の学歴や

大学時代の成果が参考にされる場面はいっさいない。

　では，学校での勉強や経験を通じて得られるものは何だろうか。アンドレアの働く姿からは，彼女の有能さを感じることができる。強いプレッシャーに耐えながらなんとか解決方法を見出そうとする粘り強さや，くじけそうになりながらも立ち直る強さを持っている。上司に期待されていることを理解したうえで，仕事の筋を読み段取りよくこなしていく能力も身につけている。これらは，学校教育で勤勉に知識を習得し，限られた時間のなかで課題をこなしていく経験によって涵養されたものではないだろうか。

　もう1つの重要な側面は，彼女の人間性である。仕事から離れて気分を和ませるのに，気兼ねなく付き合える友人の存在は大きい。また，仕事において窮地に追い込まれたときには同僚や知り合いに助けを求めなければならないが，そこで手を差し伸べてもらえるかは，仕事仲間あるいは人として，周囲が彼女をどうとらえているかにかかってくる。人としての魅力は，学校でのクラブ活動やさまざまな行事などを通じ，同級生，先輩・後輩，教師との交流のなかで育まれる部分が大きいのではないだろうか。

　「学校では勉強，社会では仕事」というようにとらえていては，優れた人材は育ってこないだろう。学校と社会をより有意義に連携させるとともに，両者の交流を促進して知恵を持ち寄り，別々に行われてきた教育・訓練をもっと融合させることが重要ではないかと感じさせられる。

◢◤◢ 早 期 離 職

　アメリカの労働市場は，早い選抜と頻繁な離職というイメージを抱かれている。映画でアンドレアは，頭角を現すのに1年を要した。そして，さまざまな努力が実ってミランダから認められたにもかかわらず，すぐに最初の仕事（すなわち，ランウェイ）を去るという設定になっている。アンドレアがそもそも腰かけとしてランウェイを選んでいたことを思い出せば，これは予想された帰結ともいえる。

　第1章でも触れたが，アメリカには，日本のように特定の時期と期間に新卒採用が行われる「新卒一括採用」という慣習はない（恩田・賀茂，2018）。したがって，アンドレアのように，卒業後にはじめて就いた仕事を早い段階で辞め

表 2-1　勤続年数別雇用者割合の国際比較

（単位：％）

	1年未満	1年以上10年未満	10年以上
日　本	8.0	47.5	44.5
アメリカ	22.6	48.6	28.9
イギリス	17.2	51.1	31.7
ドイツ	14.7	44.5	40.8
フランス	14.2	39.5	46.2

（出所）　日本，アメリカは労働政策研究・研究機構「データブック国際労働比較 2018」第3-12表，イギリス，ドイツ，フランスはOECD.Statウェブサイトより計算。

表 2-2　青少年（18〜24歳）の転職に対する考え方に関する日米比較

（単位：％）

	日　本	アメリカ
つらくても転職せず一生一つの職場で働き続けるべき	4.8	7.2
できるだけ転職せずに同じ職場で働きたい	31.5	28.0
職場に強い不満があれば転職もやむをえない	28.6	28.6
職場に不満があれば転職する方がよい	14.2	21.5
自分の才能を生かすため，積極的に転職する方がよい	8.5	4.1
わからない・無回答	12.4	10.6

（出所）　労働政策研究・研究機構「データブック国際労働比較 2018」第3-13表より計算。

て転職を試みても，その後のキャリア形成においてそれほど大きなハンディを背負うことにはならず，早期の離職はそれほど特別なことではないのかもしれない。事実，表2-1に示されているように，雇用者のなかで勤続年数が1年に満たない者の割合を国際比較すると，日本の低さが目立つ一方，アメリカが他の国より高いこともわかる。

　反面，両国の若者の就職に関する考え方には，あまり大きな差がないという調査もある。表2-2は，転職に関する考え方につき，「わからない」を含めた6つの選択肢から1つを選ぶ形で回答してもらった結果を示している。項目間の回答の分布に大きな違いは見られず，全体的には類似しているといえる。とくに，「つらくても転職せず一生一つの職場で働き続けるべき」と答える割合

第 二 新 卒

　新卒者の離職が問題視され始めるとともに,「七五三離職」という言葉が使われるようになった。3年以内に中卒は7割, 高卒は5割, 大卒は3割が離職するという意味である。厚生労働省「新規学校卒業者の離職状況」によると, 2016年の新規学卒者のうち, 就職後3年間のうちに離職した者の率は, 中学校卒業者では就職者全体の62.4%, 高等学校卒業者では39.2%, 大学卒業者では32.0%であった。就職後1年間の離職率は, 2018年の新卒者の場合, 中学校卒業者で34.9%, 高等学校卒業者で16.8%, 大学卒業者で11.6%で, 日本では大卒者が1年目に離職するケースはそれほど一般的ではない。有名大学を卒業し名だたる企業に就職した場合の離職率は, さらに低いと想像されるが, 離職者が存在することも事実である。

　入職後早い時期に, 仕事を変わろうとして職探しをする者たちを, 第二新卒と呼ぶ。彼らは, 一度仕事を経験しており, 新人研修等を経て社会人としての基本的な訓練を終えているという点では, 新卒と異なる。企業にとって, 初期トレーニングの費用がかからないというメリットがあるのである。とはいえ, 社会人として十分に完成しているわけでもなく, 特定の技能に習熟しているわけでもない。新卒と中途採用の間に存在する中間的な労働者である。したがって, 採用する側も, 完全に新卒扱いする場合から, 社会人としての経験を蓄積し特定のニーズに合った技能をある程度身につけた人材として中途採用者と同じように見なす場合まで, さまざまである。

は, 日本よりもアメリカのほうが高い。一方,「職場に不満があれば転職する方がよい」を選ぶ者はアメリカのほうが多く,「自分の才能を生かすため, 積極的に転職する方がよい」と考えている割合は日本のほうが高い。

　これに関連して, 日本の35歳未満の者を対象とした労働政策研究・研修機構(2007)には, 前職が「やりたい仕事をやらせてもらえない」状態であったかを尋ねた項目があるが, やりたい仕事をやらせてもらえなかった者(「そう思う」+「ややそう思う」)は, 正社員で31.6%にのぼっていた(14頁)。仕事の内容が自分の希望と合わないことが, 離職を引き起こす重要な要因であることがわかる。

📽 OJT とキャリア形成

　仕事を進めるのに必要な技能や心がけは，仕事を通じて学ぶものである。すなわち，技能形成においては，OJT（on the job training，仕事に就きながらの訓練）が大きな役割を果たしている。これはつまり，次のステージでよい仕事に就くには，前の仕事が重要であることを意味する。また，この関係をさかのぼれば，どのような仕事に最初に就いて，そこでどのような訓練を受け，どのような経験をするかが，その後のキャリアに決定的な影響を与えかねないことがわかる。

　アンドレアは，最終的にはランウェイを辞めて，新聞社に転職する。1年前には，どこのマスコミにも採用されなかった彼女が，自らがもともと望んでいた職を手に入れたのである。新聞社での面接において，ミランダのもとで働いた感想を聞かれ，彼女は「多くを学びました」と答える。実際，苦労はしたが，ミランダに仕えることで職業人として多くのことを学んだ。また，部下に厳しいことで知られるミランダのもとで働き抜き，さらに，新聞社の採用担当に対してミランダから素晴らしい推薦文が送られてくるというところまで成果を上げるにいたったことが，転職できた大きな理由である。ランウェイでの1年は，アンドレアのキャリア形成において，きわめて有益であったといえる。

　一方，責任を負い精神的にも負荷のかかる業務は，それに積極的な意義を見出せなければ長くは続けられない。仕事は，実際に就いてみなければ，その面白さはわからない。それぞれの仕事に深みがあり，やってみればそれなりに興味も湧いてくる。アンドレアも，当初は関心のなかったランウェイの仕事にも興味を持ち，引き込まれていった。しかし結局，彼女は当初希望した業界のなかに自分の居場所を求めることになった。キャリアを選択するにあたって，心得ておかなければならない側面である。

● 参 考 文 献

梅崎修（2004）「成績・クラブ活動と就職──新規大卒市場における OB ネットワークの利用」松繁寿和編著『大学教育効果の実証分析──ある国立大学卒業生たちのその後』日本評論社，29-48 頁。

梅崎修・田澤実編著（2013）『大学生の学びとキャリア──入学前から卒業後までの継

続調査の分析』法政大学出版局。
恩田正行・賀茂美則（2018）「アメリカの労働市場」『日本労働研究雑誌』第 693 号，
　　11-19 頁。
日本生産性本部「職業のあり方研究会」・日本経済青年協議会（2014）「『働くことの意
　　識』調査」。
労働政策研究・研修機構（2007）「若年者の離職理由と職場定着に関する調査」JILPT
　　調査シリーズ No. 36。
OECD.Stat ウェブサイト（Employment by job tenure intervals - frequency, 2016）。

人材が支える企業競争力

第 3 章

現場主義の改善活動

・**スーパーの女**（1996 年，日本）
・**県庁の星**（2006 年，日本）

本章の目的

企業の競争力を決定する要因として，画期的な新商品や今までにない技術・経営組織を生み出すことがあげられる。経済学の分野では，このような革新を「イノベーション」と呼ぶ。これは，経済学者のヨーゼフ・シュンペーターによる造語で，日本語では「新結合」とも訳される。

　ただ，その一方で，職場の生産性を少しずつ向上させる努力や工夫も，競争力を決定していることを忘れてはならない。このような取り組みは，イノベーションと比べると地味な変化であるが，不断の改善活動が経営業績に与える影響は大きい。改善活動に主体的に取り組む現場は，いかにして生まれるのだろうか。本章では，スーパーの改善活動を扱った映画『スーパーの女』と『県庁の星』を取り上げよう。

┃作┃品┃紹┃介┃

『スーパーの女』（1996年，日本，東宝，127分）

　　キャスト　宮本信子（井上花子），津川雅彦（小林五
　　　　　　　郎），伊東四朗（安売り大魔王社長）ほか

　　スタッフ　監督・脚本：伊丹十三
　　　　　　　アドバイザー：荒井伸也（参考文献：安土
　　　　　　　敏『小説スーパーマーケット』上下，講談
　　　　　　　社文庫）

　　ものがたり　スーパー大好き主婦（井上花子）が，幼
　　なじみの小林五郎が経営するダメ・スーパーマーケッ
　　トを建て直していく物語である。五郎の「正直
　　屋」は，近隣に立地する「安売り大魔王」との競争
　　に苦戦し，大きく水を開けられている。彼が花子に

「スーパーの女」
Blu-ray 発売中
発売・販売元：東宝
©1995 伊丹プロダクション

主婦としての意見を求めると，彼女は即座に的確で改善に役立つ指摘を述べた。そ
こで五郎は花子に正直屋への入社を勧め，「安売り大魔王」の傲慢な商売に怒った
彼女もそれを承諾する。ところが，レジ係として働き始めた花子が業務改善に取り
組もうとしても，各部門（とくに鮮魚部と精肉部）は職人気質なチーフに牛耳られ
ていて，なかなか改善につながらない。彼女は，古株の社員と戦いつつ，「安売り
大魔王」とも戦うことになったのである。

『県庁の星』（2006年，日本，東宝，131分）

　　キャスト　織田裕二（野村聡），柴咲コウ（二宮あき）
　　　　　　　ほか

　　スタッフ　監督：西谷弘
　　　　　　　脚本：佐藤信介
　　　　　　　原作：桂望実（『県庁の星』幻冬舎文庫）

　　ものがたり　主人公の野村聡は県庁のエリート官僚で
　　ある。性格は傲慢で地元有力者の娘と結婚するこ
　　とで出世しようと考えている。彼は，建前として「民
　　間交流」に参加し，地元の三流スーパーマーケット
　　の満天堂に出向することになる。そこには，16歳
　　からパート労働者として働き，聡よりも年若ながら
　　現場のリーダーとなっている，二宮あきがいた。本

「県庁の星 スタンダード・エディション」
DVD 発売中
発売元：フジテレビジョン
販売元：東宝
©2006「県庁の星」製作委員会

人曰く「待遇はみんなと同じ」であるが，店舗の同僚たちからは「裏店長」と呼ばれる実力者である。

　民間出向を出世の道具としてしか考えていない聡は，出向先ですぐに成果を出そうと考える。しかし，満天堂は，「マニュアルなんてない」「組織図……見たことない」というありさまで，実際にも多くの課題を抱えていた。聡は，県庁の上司を見返してやろうと，現場に指示を出していくが，職場はうまく回らない。

　見かねたあきに助言され，彼女の実力も思い知った聡は，一方的に上から接するばかりだった現場と向き合うようになる。そうして満天堂を建て直した経験を携え，県庁へ帰っていく。

🎥 スーパーマーケット産業の勃興期

　『スーパーの女』は，井上花子が凄腕の主婦パートタイマーとして改善活動に取り組む物語である。この映画を見ると，脚本・監督を手がけた伊丹十三が，スーパーマーケット事業と店舗のなかでの仕事内容を詳しく理解していることがわかる。伊丹は，このようにディテールにこだわって，対象をリアルに描いた作品を発表し続けた映画監督だった。

　ちなみに，この映画には，安土敏の『小説スーパーマーケット』が，参考文献にあげられている。安土敏というのはペンネームで，本名は荒井伸也という。この荒井は，大学卒業後に大手総合商社の住友商事に勤め，サミットストア（後のサミット）へ出向して，後には同社の社長まで務めた人物である。本作には，このような，現役バリバリのスーパーマーケットの企業人（兼，作家）もアドバイザーとして参加していたのである。

　さて，読者にとってもスーパーマーケット（スーパー）は身近な存在と思うが，これを改めて定義すると，「セルフサービス方式を採用している，主として食料雑貨などの廉売を目的とした総合商品の大規模小売経営施設」となる。スーパーマーケットの歴史は，戦後の 1950 年代までさかのぼる。1956 年に九州・小倉（現，北九州市小倉）で誕生した「丸和フードセンター」が，日本における最も初期の本格的なスーパーマーケットだといわれる（瀬岡，2014）。1957 年には，中内功がダイエー 1 号店「主婦の店・ダイエー薬局」（大阪・千林）を創業する（次ページ写真参照）。スーパーマーケットは，高度経済成長期，さら

ダイエー1号店（大阪・千林駅前店）

（提供）　流通科学大学。

表 3-1　小売業売上高ランキング

（単位：億円）

順位	1960 年		1972 年		1990 年	
	企業名	売上高	企業名	売上高	企業名	売上高
1	三　越	453.3	ダイエー	3052	ダイエー	18420
2	大　丸	453.1	三　越	2924	イトーヨーカ堂	13551
3	髙島屋	385.2	大　丸	2131	西　友	10484
4	松坂屋	365.9	髙島屋	1994	ジャスコ	9953
5	東横百貨店	296.4	西友ストアー	1668	西武百貨店	9853
6	伊勢丹	233.8	西武百貨店	1550	三　越	8666
7	阪急百貨店	209.0	ジャスコ	1550	髙島屋	7676
8	西武百貨店	185.1	松坂屋	1493	ニチイ	7081
9	そごう	150.9	ニチイ	1442	大　丸	6066
10	松　屋	120.1	ユニー	1264	丸　井	5658

（注）　アミかけはスーパーを示す。
（出所）　満薗（2015）より作成（原出所：佐藤，1974；石原・矢作，2004）。

に石油ショック以降の安定成長期に拡大を続けた新規産業だったのである。

　表3-1は，小売業の売上高ランキングの変化を示している。1960年にはトップ10社を百貨店が占めていたものが，1972年にはスーパーマーケットが5社もランクイン，そして1990年には上位4社をスーパーが独占することになった。1972年は，ダイエーがはじめて三越から首位を奪った年である。この上位獲得を生み出したのは，まず第1に消費者の要望を踏まえた新しいサービスの創造であるが，同時に，そのサービスを支える新しい人材マネジメントが誕生したことも見逃せない。

▶◀ パート労働者という基幹労働力

　スーパーマーケットは，現在，パート労働者が職場の主力を構成している。パート労働者（パートタイマー，パート）には長い歴史がある（松田，1993）。はじまりは，1950年に電電公社（現 NTT）が退職者に職場復帰を求め，時間を限って働いてもらったことであるという。このような働き方は，職業安定所が求職者の斡旋に乗り出したことで評判となっていく。1954年には，東京の神田橋女子公共職業安定所がパート労働者を登録し，さらにパートタイマー雇用促進月間を設けて，求人の開拓を推し進めた。こうした求人は，家庭の主婦に人気があった。職住一致の内職に比べると暗いイメージがなかったのも，その理由と考えられる。同年9月に，大丸東京店が「お嬢様の，奥様の三時間の百貨店勤め」というキャッチコピーの新聞広告を出したところ，250人の募集に7000人の応募があったという（『朝日新聞』2012年12月1日夕刊「昭和史再訪」）。その後，スーパーマーケット業界の拡大とともに，主婦パート労働者は量的に拡大し，基幹化していった。

　パート労働者の基幹化とは，単に人数割合が高くなったことだけを指すのではなく，基幹的な業務を担当するようになったことを意味している。いち早くこの事実を指摘したのが，流通産業の労働者の多くが所属している産業別労働組合のゼンセン同盟が刊行した報告書である（ゼンセン同盟労働政策部門，1980）。この報告書では，質問票調査やインタビュー調査を駆使して，1970年代後半の正社員とパートタイマーの担当業務とを比較し，パート労働者のなかには正社員と遜色ない仕事ぶりの者がいることを指摘している。さらに中村（1989）は，基幹パートと補完パートという類型を提示したうえで，基幹パートは勤続するにつれて仕事内容が高度化し，それにともなって賃金も上がるタイプのパートであることを確認している。

　このようなパート労働者は，どのように職場の基幹となっていったのだろうか。とくに，家事と両立しながら働く主婦パートたちは，いかにして自分たちの仕事の領域を広げていったのだろうか。映画に戻り，「正直屋」の事例で検討しよう。

▐◀ 職人気質という壁

　主人公の花子が取り組んだのは職場の業務改善である。客にとってよいサービスとは何かという視点で見ると，正直屋のサービスはとてもよいとはいえず，なおかつ非効率であった。

　改善活動の最大の敵となったのが，職人気質の売り場チーフである。とはいえ，職人気質は，自分の仕事に対する誇りを持って専門能力を磨くというもので，本来であれば，職場生産性に対してプラスの効果を有することも多い。

　しかし，一方で職人気質には，新しい仕事のやり方を否定するという守旧的な側面が付いて回りがちである。一般にスーパーマーケットといえば，本社一括管理で合理化を追求している産業と思われているかもしれないが，少なくとも1980年代ごろまで，生鮮部門には「職人」でなければ担当できない部分が残っていた。個店としての鮮魚店，青果店，精肉店では，それぞれの生鮮食品に関して豊富な知識を持った専門家がいて，市場や卸売業者からよい商品を買い集めている。スーパーマーケットも，今でこそ本社による一括購入・流通管理が中心であるが，かつては個店にいるような職人気質の専門家を頼りにしていたのである。

　ところが，そのような職人たちが，スーパーマーケットの効率性をゆがめてしまっていた。映画のなかで，花子が五郎にカートについて質問し，次のようなやりとりをする場面がある。カートとは，スーパーのバックヤードにおいて，生鮮品から惣菜の食材にいたる数々の商品を，前工程から後工程に運ぶ流れ作業に用いられる道具である。

　　花子：これはなんです？
　　五郎：これはねカートといって，ま，流れ作業の道具だけどね。
　　花子：流れ作業？　流れ作業なんかやってないじゃないか。
　　五郎：うん，うちはさ，優秀な職人さんを使っているもんだからさ。だか
　　　　　ら。
　　花子：だからなんなの？
　　五郎：いや，職人さんというのは，とかく流れ作業を嫌うもんでね。

　　花子：芸術家なんだ［🌐 0:22:51～］

　花子の「芸術家」という発言は強烈な皮肉である。そもそもカートは，効率
的な流れ作業を生み出すための道具であり，1人でもそれを使わない人がいれ
ば流れ作業は止まってしまう。

　このように，職人が合理化に対して抵抗勢力となる現象は，歴史のなかで繰
り返されてきた。古くは，1810年代にイギリスで起こった職人による機械打
ち壊し運動である，ラッダイト運動をあげることができる。映画でも，鮮魚部
の親方で元魚屋のしんちゃんは，自分の仕事を部下に任せない。部下は，「だ
ってさ親方，刺身をほかの人に任せないから」と，不満を打ち明ける。

　花子は，合理化を止めてしまう職人気質を批判した。彼女は，「あったまに
くるなー。結局，親方連中がネックになっている」と認識する。そして，「う
ちじゃ親方連中が大事な仕事を人にやらせないから，せっかくこのカートがあ
るのに，流れ作業にならない」と問題点を指摘し，「新しいことをやるために
は，古いもの壊すしかないじゃないか」という。

　花子はしんちゃんと対決し，次のように，主婦パート労働者に包丁を握らせ
ることを提案する。この提案はしんちゃんを憤慨させるが，最終的に彼は現実
を理解し，その提案を受け入れることになる。

　　　　はっきり言うよ，しんちゃん。スーパーにはね，職人は要らないの。ス
　　　　ーパーに必要なのはね，職人じゃなくて技術者なのよ。私はね，しんちゃん
　　　　に先生になってもらって，パートのおばさんたちみんなが魚がつくれる
　　　　ようにしたいのよ，バックヤードの仕事を完全な流れ作業にして［🌐
　　　　1:21:24］

「あたしたちはね，あんたが赤ん坊のころから包丁握っているのよ」という
花子の言葉は，自分たち主婦パートこそが基幹労働力であるという自信に裏づ
けられたものであろう。パートと聞いて，単純労働を担ってもらえばよいと考
えるのは間違った判断である。さらに，基幹労働力となった一部のベテラン主
婦パート労働者は，花子がいうところの「技術者」になる。この「技術者」と

は，いわゆる「エンジニア」などよりも広い意味で使われていて，実作業に携わりながら，日々の観察に基づいて作業効率の改善にも貢献できる人を意味している。

KAIZEN の本質

　花子がリーダーとなって行われた主婦パート中心の業務改善は，日本の製造業の得意とする改善活動であった。外国でも，そのまま KAIZEN と翻訳されているほど有名な，日本型経営を代表する手法である。これに関しては，トヨタ自動車に代表される製造業の生産現場における取り組みが有名である。たとえば，工場の組み立てラインにおける改善とは，数々の作業手順があるなかで「ムリ，ムダ，ムラ」をできる限り減らし，1つ1つの作業をスムーズに行えるように変えることを意味する。こうした作業効率向上や安全確保への取り組みが管理職や技術専門職（エンジニア）主導のトップダウンではなく，実際に作業をする現場の作業者からのボトムアップで行われる点が，日本の KAIZENが欧米の工場とは異なる点である[1]。

　この映画を見ると，このようなボトムアップの改善活動が，製造業にとどまらず，サービス業や流通業にまで広がっていたことがわかる。花子は途中から管理職に昇進しているが，主婦パート労働者を巻き込むことで生産性を上げたのであって，彼女がトップダウンで何でも決めたわけではない。

　たとえば野菜売り場の商品検討会では，全員で，いかに野菜を切るべきかについて積極的に意見を出し合っている。そのとき，とても無口な青年社員がドギマギしながらも野菜のカット方法について専門的な知見を披露するシーンがある。このシーンは，企業競争力は現場の集合的な知をいかに引き出せるかにかかっていることを，私たちに伝えてくれる。

●1　たとえば藤本（2001）は，「KAIZEN」が日本発の経営用語として全世界に普及したことを認めつつも，「改善活動一般が日本メーカーの専売特許というわけではない」とし，「強いていえば，欧米企業に多く見られる『トップダウン型・専門スタッフ主導型』の作業改善に対して，20世紀後半の多くの日本企業では『ボトムアップ型・現場参加型』の継続的な作業改善が多く見られ，後者に対して『カイゼン』という称号が与えられた」（149-150頁）と述べている。

　売れ残りを再度パックし日付を新しくして売るという，以前から繰り返され
てきた店長の指示に対しても，「こんな商品を売りたくない」という不満を，
はじめてパートのほうからぶつけた。じつは，それまで彼女たちは，自分の売
る商品を信頼しておらず，仕事帰りに自店で商品を買うことはなかったのだと
いう。花子が行ったのは，現場に近いリーダーとして，彼女たちのなかに眠っ
ていた気持ち，つまり正々堂々と売りたいという本気に火をつけることだった
のである。

　ボトムアップ型の業務改善の優位性は，『スーパーの女』の約 10 年後に公開
された『県庁の星』でも強調されている。2005 年に刊行された桂望実の同名小
説をもとに映画化された作品である。

　エリート官僚の主人公・野村聡は，出向先のスーパーで早々に成果を出そう
と，頭でっかちな理論先行で現場に命令し，一向にうまくいかない。彼は，自
分のことは棚に上げて，次のように現場を批判する。

　　プランは完璧なはずなんだ。あなたたちがちゃんと従えば［🌐 0:45:15］

　　僕はあなたの上にいる。下は上の指示で実行する。それが組織というもの
　　です［🌐 0:45:27］

　こんな調子であるから，意気込んで企画した「高級お弁当」も，売上は散々
で失敗に終わる。そんな彼にアドバイスをして目を覚ましてあげたのは，何か
と意見が対立していた叩き上げの現場リーダー・二宮あきであった。彼女は，
聡をデパ地下でのマーケティング調査に誘う。聡は，あきが現場を歩きながら
自分は気づかなかったことを次々と指摘することに驚き，業務改善のヒントを
もらう。さらにあきは，部下に指示を出してその場を立ち去ろうとする聡を，
「どこ行くんですか。自分だけ特別だと思わない。みんなで一緒に汗かくの。
5 人で勝つんでしょ」と呼び止め，彼の仕事に対する態度も改めさせた。

　結果，聡は，自分自身が職場の仲間を見ていないことに気づいて反省し，現
場に学んで，最高の成果を上げる。最終的に彼は，自らが学んだ経験を素直に
上司や同僚に語る。

「素直に謝ること」「素直に教わること」，そして「何かを成し遂げるには
仲間が必要だということ」——そういうことを，そこにいた1人のパート
の女性から僕は学びました［🌐 1:53:06 ］

▶️ 現場主義を支える基盤

　ここまで説明してきたような仕事への取り組み方や考え方のことを，「現場
主義」といい，日本企業の特徴とされる。この現場主義には，職務やキャリア
を学歴間で分断せずに非大卒者にも組織内意思決定への参加の機会を増やすこ
とで，実際に機械を動かしていたり，顧客と近かったりする労働者の経験的な
知識を「集合知」として利用できるという利点がある。これが，とりわけ作業
効率性に関して強みを持っていることは明白である[2]。

　過去の研究を見ても，たとえばロナルド・ドーアは日英の工場を比較して，
イギリス企業では，大卒技術者の質がもともと高くないうえに工場生活にも順
応しておらず，現場で働くことを避ける「世間知らずのまま」であるという調
査結果を示している（Dore, 1973）。これはつまり，当初の聡のような態度の技
術者たちであるといえる。

　現場主義の歴史的起源を探ることはとても難しい。江戸時代から続く伝統文
化や日本人固有の民族性まで話を広げると現場主義の発生を特定しにくくなる。
ここでは，なぜ現場主義が成り立つのかという観点から，人事制度的基盤を考
えてみたい。

　そもそも作業効率性を高めるということは，自分の担当業務がなくなってし
まう可能性や作業の負荷が高まってしまう可能性をともなう。したがって，先
述したように，職人が機械の導入などの合理化に反対して効率性を阻害する，
負の現場主義もありうるのである。つまり，作業改善に対する参加が評価され
なければ，労働者は改善活動に一生懸命にならない。

　アメリカの工場と比べて日本の工場では，生産労働者に対して厳しい人事評
価が行われていると指摘されている。アメリカ企業の人事評価制度のほうが厳

●2　ただし，新規事業の立ち上げや新技術・新製品の開発に関しては，このようなボトム
アップの意思決定は時間がかかりすぎ，有効ではないのかもしれない。

しいだろうと思っている人が多いかもしれないが，生産労働者に関しては，日本企業のほうが評価の個人差が大きいといわれているのである。また，日本の生産労働者には，管理職に昇進する可能性が開けているのに対し，アメリカ企業では，入社段階での学歴別の雇用区分によって昇進の限界が明確に決まっている（第 4 章も参照）。

　日本企業の生産労働者に対する評価と処遇，またそれらの結果として生じる個人差は，競争の厳しさを表すものであると同時に，現場主義の人事制度的基盤になっているともとらえることができる。改善活動とは，自分の担当職務を解体し，時には仕事の負荷を自ら高めるような取り組みである。それでも，参加が評価されるのであれば，労働者は改善活動への参加を動機づけられる。

　アメリカにも，積極的に改善活動を導入した企業はあったものの，それにともなって人事評価・処遇制度を変えることはなかったため，結果的に生産労働者の改善活動への参加意欲が高まらなかったという調査事例も報告されている[3]。ちゃんと評価・処遇できる制度的基盤がないところでは，個々の従業員による積極的な改善活動は進まないのである。

● 参 考 文 献

石田光男・樋口純平（2009）『人事制度の日米比較――成果主義とアメリカの現実』ミネルヴァ書房。

石原武政・矢作敏行編（2004）『日本の流通 100 年』有斐閣。

佐藤肇（1974）『日本の流通機構――流通問題分析の基礎』有斐閣。

瀬岡和子（2014）「昭和 30 年代におけるスーパーマーケットの誕生と『主婦の店』運動――吉田日出男と中内功を中心にして」『社会科学』（同志社大学）第 44 巻第 1 号，1-34 頁。

ゼンセン同盟労働政策部門編（1980）『チェーンストア労働者の実態と意識』ゼンセン同盟。

中村恵（1989）「技能という視点からみたパートタイム労働問題」労働省大阪婦人少年室／大阪パートタイム労働・労務管理改善研究会「技能という視点からみたパートタイム労働問題についての研究」所収。

●3　石田・樋口（2009）は，アメリカ企業の制度のもとでは，「職務」というまとまりを基準に賃金を決定しなければならないという問題を指摘している。職務を固定してしまうと，その内容を変化させる改善活動には根強い反対が生まれてしまう。

藤本隆宏（2001）『生産マネジメント入門I　生産システム編』日本経済新聞社。

松田良一（1993）『近代日本職業事典』柏書房。

満薗勇（2015）『商店街はいま必要なのか――「日本型流通」の近現代史』講談社現代新書。

森川英正（1988）「日本技術者の『現場主義』について――経営史的考察」『横浜経営研究』第8巻第4号，29-40頁。

Dore, Ronald P.（1973）*British Factory, Japanese Factory: The Origins of National Diversity in Industrial Relations*, Allen & Unwin.（山之内靖・永易浩一訳『イギリスの工場・日本の工場――労使関係の比較社会学』筑摩書房，1987年）

昇進をめぐる悩み

雇用システムの国際比較

第 4 章

- ワーキング・ガール（1988 年，アメリカ）
- 9 時から 5 時まで（1980 年，アメリカ）

本章の目的

　上司―部下の人間関係は，いつの時代も働く人々の悩みの種である。上司とは，仕事の指示を出す管理者であり，評価者であり，人材育成の教育者でもある。つまり，上司は，部下に対して大きな権限を持っている。これは，日本企業に限ったことではなく，欧米企業においても同等もしくは日本以上に，上司は大きな権限を持っているといえる。上司すなわち管理職は，企業内の人事制度のなかでどのように位置づけられているのだろうか。本章では，アメリカ企業で働く女性を主人公とした 2 作品を題材に，管理職と部下の関係を考察しながら，企業内の人材マネジメントについて議論する。

作	品	紹	介

『**ワーキング・ガール**』*Working Girl*（1988年，アメリカ，20世紀フォックス，113分）

ワーキング・ガール
DVD 発売中
¥1,419＋税
20世紀フォックス ホーム エンターテイメント ジャパン

キャスト　メラニー・グリフィス（テス・マクギル），シガニー・ウィーバー（キャサリン・パーカー），ハリソン・フォード（ジャック・トレイナー）ほか

スタッフ　監督：マイク・ニコルズ
　　　　　脚本：ケヴィン・ウェイド
　　　　　字幕：戸田奈津子

ものがたり　主人公のテスは，秘書の仕事をしている女性社員で，向上心にあふれ，仕事もできるが，エリート大学の出身ではない。人事部が設けた証券業務の人材育成コースの受講を希望しているが，彼女よりも仕事もできなければ，やる気もない男性社員ばかりが選ばれている。

　　ある日，新しい上司としてキャサリンというエリート女性社員がやってくる。テスはキャサリンに魅かれ，キャサリンもテスに対しては「自由にアイデアを提案してほしい」とフレンドリーな態度をとる。ところが，じつはキャサリンはとんだ食わせ者で，テスが考えたアイデアを横取りする悪徳上司だった。事実に気づいたテスは，キャサリンがスキー場で怪我をして出社できないのをいいことに，キャサリンのM&Aプロジェクト（もともとはテスのアイデア）を自分1人で進め始める。

『**9時から5時まで**』*9 to 5*（1980年，アメリカ，20世紀フォックス，110分）

キャスト　ジェーン・フォンダ（ジュディ），リリー・トムリン（バイオレット），ドリー・パートン（ドラリー），ダブニー・コールマン（フランクリン・ハート・ジュニア）ほか

スタッフ　監督・脚本：コリン・ヒギンズ
　　　　　共同脚本：パトリシア・レズニック
　　　　　字幕：戸田奈津子

ものがたり　アメリカ企業に勤める，夫と離婚したばかりの中途新入社員ジュディ，シングルマザーでベテラン社員のバイオレット，グラマーな美人秘書のドラリーという三者三様の女性社員が主人公の，職場コメディ映画である。

　　3人が意気投合するきっかけとなったのが，フランクリンという無能なパワハ

ラ・セクハラ上司への溜まりに溜まった不満である。酒場での憂さ晴らしで「どうやってフランクリンをやっつけるか」と盛り上がった日の翌朝、バイオレットは誤って彼のコーヒーにネズミ退治の薬を入れてしまう。彼が死んだと勘違いした3人は、慌てて死体（？）を病院から運び出そうとする（じつは一時的に具合が悪くなっただけだった）。

　つまり、フランクリンを殺害してしまったというのはまったくの誤解であったわけだが、殺人未遂を疑われるのを避けようと、彼女たちはなんとフランクリンを彼の自宅に監禁する。3人はそのまま、表向きは彼が出勤しているように装って、職場を回し始める。すると、フランクリンという無能な管理職がいないぶん、職場の人間関係はかえって良好になり、女性社員のモチベーションも高まって、企業業績が向上するという、ドタバタ喜劇である。

　それぞれきっかけは異なるが、無能な上司がいなくなり、優秀な部下が職場を回し始めると職場が改善するという点で、本章の2作は同じ「物語の構造」を持っているといえよう。

アメリカ映画でパワハラ・セクハラ上司が描かれる理由

　アメリカには、パワハラ・セクハラ上司が登場する映画が多くある。第2章で取り上げた『プラダを着た悪魔』のミランダは典型的なパワハラ上司であるし、タイトルがそのものズバリという『モンスター上司』『モンスター上司2』という映画もある。このように危険な上司が社会的な関心を集めるのは、アメリカ企業においては管理職が強い人事権を持っているからだと考えられる。

　国際比較研究によると、日本企業では、異動や採用・解雇という人事に関して人事部の力が強いが（集権型）、アメリカでは職場の管理職が強い人事権を持っている（分権型）。それゆえ、危険な上司や無能な上司が身勝手な行動をとると、部下は日本以上に酷い目に遭う。このような雇用管理の特質が身近に感じられるからこそ、アメリカでは、無能な上司を監禁するといったことがスカッとする快事ととらえられ、そうした映画が流行るのかもしれない。見方を変えると、アメリカ企業では、人事権を持つ上司へのゴマすりも、日本社会以上に露骨に行われるということになる。

■◀ オフィス・レイアウトに見る管理職の位置

　アメリカ企業における管理職の権力は，映画で描かれるオフィスのレイアウトからもうかがい知ることができる。この2作を見る人は，はじめにオフィスの風景に注目してもらいたい。

　まず，図4-1に示したように，映画のなかでアメリカ企業の管理職は「個室」で仕事をしている。個室の前には管理職をサポートする秘書たちがいる。なお，アメリカ企業における秘書の仕事は，日本企業でイメージされるよりも，もっと幅広い。単に事務作業をサポートするだけでなく，上役の指揮を受けて庶務や会計に従事しており，「書記」という言葉のイメージのほうが適当かもしれない。日本でいうと，このイメージは政治家の秘書に近いだろう（第2章も参照）。

　一方，日本企業の管理職はどこで働いているのだろうか。図4-2のように，日本企業では，役員も，あるいは社長ですら，個室を持っていないことが多い。「うちの会社には社長室がありません」と，社長本人や会社の広報担当者が社外に向けて自慢することもよくある。上下関係をつくらない，フラットな人間関係が理想とされているといえよう。日本の職場では「ボトムアップ型」の，アメリカの職場では「トップダウン型」の意思決定が行われていると整理できる。

　この「個室」は，アメリカ企業において「出世の象徴」としても大きな意味を持つ。日本企業では，出世の象徴といっても，座っている椅子のグレードがアップする程度であろう。一方，アメリカ企業における出世の象徴は個室である。しかも，その個室がビルのどの階にあるのかによって，企業内でのランクの違いが示されるのである（図4-3）。

　『ワーキング・ガール』の後半，主人公のテスは上司キャサリンの入院中に勝手にM&Aのプロジェクトを進めた。復帰してそのことを知ったキャサリンは，みなの前でテスを指し，「My SECRETARY（私の秘書です）！」と叫ぶ。テスは，この独断がばれたことで会社を解雇されてしまう。しかし結局は，プロジェクトによって彼女の実力を知ったM&A先の社長が彼女を採用するというハッピーエンドになる。

図 4-1　アメリカ企業の
　　　　オフィス・レイアウト

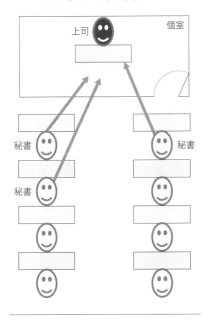

図 4-2　日本企業の
　　　　オフィス・レイアウト

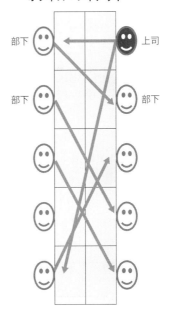

図 4-3　昇進にともなう個室の場所の変化

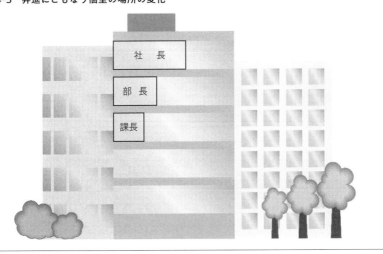

　この映画のラストシーンは，次のようなものである。

　新しい会社への初出社の日，テスは，いつも通り秘書の席に座ろうとする。ところが，何かがおかしい。すると，そこにいた社員が「ここは私のデスクです」という。つまり，テスの場所は「個室」だったのである。彼女の実力は，管理職として認められていたということである。テスは，ビルの高層階にある「自分の個室」からニューヨークの街を眺め，自らが「成功」をつかんだことを実感する。

▶️ 学歴重視の国・アメリカ

　本章の2作品からは，アメリカ企業が強固な学歴社会であることもわかる。まず，ブルーカラーとホワイトカラーとの違い，さらに，ホワイトカラーのなかでも管理職候補とそれ以外の事務職との違いがあり，それらの違いは入職時点の学歴差・学校差によって区別されている。

　ちなみにホワイトカラー／ブルーカラーとは，襟の色の違いを意味する。白い襟（white-collar）のワイシャツを着ているのがホワイトカラーであり，ブルーカラーは青い襟（blue-collar）の作業服を着ているというわけである。いわば背広と作業服の違い，すなわち事務作業と工場労働の違いである。仕事の特性を比較すれば，どちらかというと，ホワイトカラーは頭脳労働・精神労働に，ブルーカラーは肉体労働に従事しているといえよう。

　もちろん日本企業でも，大卒か高卒かによって雇用区分は大きく異なっている。しかし，小池和男が賃金構造（年齢または勤続×賃金）の分析によって指摘したように，日本企業には「ブルーカラーのホワイトカラー化」という現象が存在する（小池，2005）。

　図4-4にあるように，アメリカ企業では，勤続とともに賃金が上昇するのはホワイトカラーだけで，ブルーカラーの賃金は上昇しない。一方，日本企業のブルーカラーは，ホワイトカラーと同じように勤続とともに賃金が上昇する。これが「ブルーカラーのホワイトカラー化」である。両国の違いは仕事によって生じている。アメリカでは，ブルーカラーの仕事は基本的に変わらないので，賃金も上昇しない。それに対して，日本のブルーカラーは，同じ仕事を定年まで続けるのではなく，技能を形成しながらより難しい仕事や，時には管理の仕

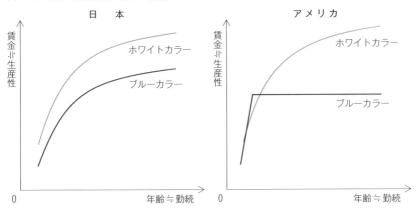

図 4-4　**日米の賃金構造（賃金×勤続）**

日　本

アメリカ

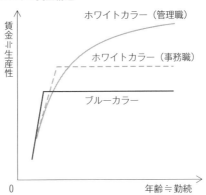

図 4-5　**アメリカ企業における賃金構造**

事へと昇進するため，賃金も徐々に高くなる。

　このように，昇進格差を入社時点ではっきりさせず，長期の昇進競争をさせる点が，日本企業の特徴といえる。日本企業のやり方には，多くの社員に昇進の可能性を開くことによって，全社員を満遍なく動機づけられるという利点がある。しかし，これだとどうしても平均的な昇進速度は遅くなるので，抜擢によって大きな仕事を与えてエリートを養成するという人事の手法が成り立たないともいえる。

　また，アメリカ企業では，同じホワイトカラーでも事務職と管理職（候補）で大きく賃金構造が異なる（関口，2014：図4-5）。有名大学卒やMBA（経営学修士）という学歴ブランドが日本企業以上に高く評価され，幹部候補が約束されたエリート育成が行われている。だからこそ，そのブランドを持たない社員にとっては，キャリア形成の壁が存在することになるのである。

▶ ノンエリート・ホワイトカラーの悔しさ

　このような学歴差問題が，映画のなかにも描かれている。たとえば，『9時から5時まで』のバイオレットはとても優秀なのに，大して有能でもない後輩のボブに昇進で追い抜かれてしまう。彼女は，「ボブが先に昇進？　5年も後輩なのに」「部下でした」と上司のフランクリンに不満をいう。

　バイオレットが昇進できない理由は何なのか。フランクリンは，「まず，ボブは大学を出てる」と答え，「第2に彼には家族がある」という。むろん，シングルマザーのバイオレットにも養うべき息子がいるので，これでは答えになっていない。結局のところ，フランクリンが最後にいったのは，「会社にとってあのポストは男が望ましい，顧客も信頼する」という差別的な理由だった。

　また，『ワーキング・ガール』でも，テスは，夜学と秘書養成学校卒という理由で，何度希望申請しても証券マン養成コースという企業内研修の機会から外されている。彼女は，上司に「なぜ？」と問うが，その答えは「学歴さ，君はハーバード卒じゃない，夜学と秘書養成学校卒だろ？　実社会はキビしいのさ」というものであった。「夜学を卒業するのに5年かかったけど……仕事の自信はあります」というテスの「自信」は，仕事の中身を評価しない上司の言葉によって失望に変わる。このように，入社時点の早期選別では，はじめから仕事の成果が評価されない人たちが生まれてしまうのである。

　こうした入口での学歴差という壁が現実にあるなか，そうではなくて仕事の成果で評価してもらいたいという強い思いが，多くのノンエリート（教育ブランドを持たない）・ホワイトカラーたちに共有されている。だからこそ，「ボス（上司）殺し」という潜在的願望をともなうアメリカン・ドリーム（出世）が映画に登場するのだと解釈することもできよう。

　実際，ノンエリートが無能な上司を出し抜くという物語はアメリカ映画に多

く見られるので，意識して探してみるとよい。たとえば，『摩天楼はバラ色に』（1986年）も同じ構造を持つ。主人公のブラントリー（マイケル・J. フォックス）は，カンザス州からニューヨークに出てきた田舎者の青年である。彼は，遠い親戚が社長をしている大会社に潜り込むことに成功するが，その仕事はメール・ボーイであった。同作は原題を *The Secret of My Success* という。主人公の秘密（secret）とは，メール・ボーイをしながら，大企業の連絡体制の悪さに付け込んで重役のフリをし，個室で仕事をしていることである。映画では，会社における彼の二重生活が面白おかしく描かれる。これはつまり，彼がスーツ族（エリート・ホワイトカラー）を出し抜いて「実力」で仕事の成功を勝ち取ったということなのである。

🎥 雇用システムの日米比較

　ここまで説明してきた日米の違いは，両国の異なる雇用システムの結果であるといえる[1]。そもそも労働サービスの取引は，それ以外の商品・サービスと違って，個々人の能力，適性，働きぶりなどが経営側に簡単にはわからない。また，労働意欲によって仕事の成果は変動し，育成によっても変化するという特質を持つ。結果的に，事前には完全な契約書類を作成しにくく，事後的にも監視・管理に困難がともなう。都度都度の市場取引だけで企業の人材を管理することはできないので，一度採用した人材を一定期間管理するための雇用システムが必要となる。

　アメリカ型雇用システムは，その発生から現在まで，職務（job）の価値を測り，その価値に応じて賃金を支払うということを基盤とする仕組みを，特質としてきた。たとえるならば，はじめに「個室」をつくって，その個室の価格（賃金）を決め，最後にそこに入る人材を選抜するというやり方である。つまり，図4-6に示すように，職務が基準となり，5段階の職務にそれぞれの賃金水準が対応している。もちろん査定があるので，同じ職務でも一定の賃金差が生まれるようにはなっている。

　したがって，職務が変わらなければ，どんなに能力が高くなっても処遇は変

●1　雇用システム比較に関しては，宮本（1998）や Marsden（1999）を参照。

図 4-6　職務を基準とした賃金制度（概念図）

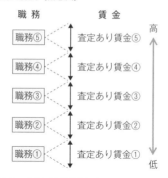

わらない。処遇を上げるには，より上の段階の職務を獲得するしかないが，職務の数は限定されているため，当然，職務をめぐる獲得競争は激しくなる。ただ，日本企業と比較すると，アメリカ企業では，入職段階でその競争に参加できる人がかなり絞られているといえる。

　このような原理のもとで職務の数を設計すれば，属人的要素で賃金を決めるよりも，総人件費の管理ははるかに容易になる。なお，アメリカの著名な人材系コンサルタントであるウィリアム・ブリッジスは，「普通の現代アメリカ人は，ジョブ（職務）とは，その一つひとつが社会を形成する基礎単位となる石のブロック」と考えていると説明している[2]（Bridges, 1994）。

　これに対して日本企業の場合は，個々人の「職能」（職務遂行能力）に応じて賃金を支払うという人事の仕組みが主流である。職能資格制度と職能給は，1970 年代から 1980 年代にかけて日本企業の基盤となっていった人事制度であり，その後，成果を重視した人事制度への転換が図られているが，今も基盤であることは変わらない[3]。

　もちろん，職能資格制度といっても「職務」を遂行できる能力があるかどうかが評価の基準になるので，職務という基準をまったく無視しているわけでは

●2　ブリッジスは，1990 年代にこのようなジョブ型の人事管理の限界を指摘し，だからこそ脱ジョブ型にならなければならないと指摘している。
●3　戦後日本企業における賃金制度史に関しては，梅崎（2008）を参照。

図 4-7　職能を基準とした賃金制度（概念図）

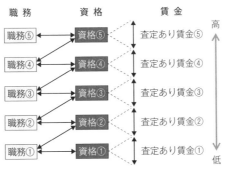

ない。ただ，仮に職務の数が不足しているために，ある職務を担当できなくて
も，能力が高まり，その職務を遂行できる能力を有していると企業内の資格
（職能資格）において位置づけられれば，それに紐づいて賃金は上昇する。した
がって図 4-7 に示すように，日本の職能資格制度では，職務と資格が 1 対 1 に
対応しておらず，資格だけが 1 ランク上になることもある。

　見方を変えると，日本の職能資格制度は，企業内の年齢構成高齢化によって
総人件費が増えやすいという欠点を持っているといえる。というのも，高齢化
すると，実際に管理の仕事はしていないが，資格上では管理職に位置づけられ
ているという，資格上の管理職待遇者が増えるからである。以下の新聞記事は，
ソニーという日本を代表する大企業において，管理職が 4 割を超えていたので
はないかと伝えている。

　　管理職の正確な人数は明らかにしていないが，ソニー単体の管理職は社員
　　の 4 割を超えていたという。これを 2 割に減らし，スリムな組織で意思決
　　定のスピードを高めるなど活性化も目指す（『日本経済新聞』電子版 2015 年 4
　　月 5 日）

　現実的に約 4 割の管理職すべてが部下を持ち，指揮命令を行っていたとは考
えられないので，部下の人数に対して管理職が多すぎるといえよう。おそらく，
ここでの管理職には，部下を持たない「資格上の管理職待遇者」が多く含まれ

ると考えられる。なお，多すぎる管理職は，総人件費の増加だけでなく，指揮命令系統の混乱を生み出す危険性がある。

　まとめると，日米の雇用システムは，それぞれ異なったメリットとデメリットを抱えている。アメリカ企業の雇用システムは，早期選別によるエリート育成に優れており，迅速な企業内意思決定ができるし，総人件費も管理しやすい。しかし，ノンエリートのモチベーション・ダウンは避けられず，人材育成にも失敗しやすいといえる。一方，日本企業の雇用システムは，多くの従業員の人材育成に力を入れ，幅広い従業員に対して動機づけが行われている。ただ，なかなか格差をつけないので，抜擢をともなうエリート育成は難しいといえる。また，総人件費の管理には課題を抱えている。もちろん，どちらの雇用システムが優れているかという判断は難しく，状況によって理想の雇用システムも変化するといえる。まずは，それぞれの雇用システムの特徴を把握することが重要であろう。

● 参 考 文 献

梅崎修（2008）「賃金制度」仁田道夫・久本憲夫編『日本的雇用システム』ナカニシヤ出版，73-106 頁。

小池和男（2005）『仕事の経済学（第3版）』東洋経済新報社。

関口定一（2014）「アメリカ『ホワイトカラー』雇用史研究序説」『企業研究』第 26 号，41-69 頁。

宮本光晴（1998）『日本の雇用をどう守るか──日本型職能システムの行方』PHP 新書。

Bridges, William（1994）*JobShift: How to Prosper in a Workplace without Jobs*, Addison-Wesley.（岡本豊訳『ジョブシフト──正社員はもういらない』徳間書店，1995 年）

Marsden, David（1999）*A Theory of Employment Systems: Micro-foundations of Societal Diversity*, Oxford University Press.（宮本光晴・久保克行訳『雇用システムの理論──社会的多様性の比較制度分析』NTT 出版，2007 年）

仕事か，結婚か

ワークライフバランス

第 5 章

- 下町の太陽（1963 年，日本）
- 男はつらいよ 寅次郎真実一路（1984 年，日本）

本章の目的

女性のキャリア選択は，長い間（あるいは今もなお），結婚を前提としたものであったと思われている。結婚したら仕事を辞めて，専業主婦になるのが，当たり前とされていた時代もあった。しかし，その「当たり前」はあやふやである。1 人稼ぎ専業主婦世帯は，終戦後の日本が経済成長していくなかで，だんだんと広がっていった家族の形に過ぎない。本章では，『下町の太陽』をおもな題材に，結婚と仕事の選択に迷う女性のキャリアを考察する。さらに，経済成長とともに，日本人の家族と働き方がどのような歴史的変遷を経てきたかについて議論する。

╫╫╫╫╫╫╫╫╫╫╫╫╫╫╫╫╫╫╫╫╫╫╫╫╫╫╫╫╫╫╫╫╫╫╫╫╫
| 作 品 紹 介 |
╫╫╫╫╫╫╫╫╫╫╫╫╫╫╫╫╫╫╫╫╫╫╫╫╫╫╫╫╫╫╫╫╫╫╫╫╫

『下町の太陽』（1963 年，日本，松竹，86
分）

町子役の倍賞千恵子（東京・墨田区吾嬬町〔当時〕
のロケ地にて）
提供：日刊スポーツ

　　キャスト　倍賞千恵子（寺島町子），勝呂
　　　　　　　誉（北良介），早川保（毛利道
　　　　　　　男）ほか

　　スタッフ　監督・脚本：山田洋次
　　　　　　　共同脚本：不破三雄・熊谷勲

　　ものがたり　この作品は，男はつらいよ
　（寅さん）シリーズでも有名な山田洋次
が若き日にメガホンをとった監督第 2 作である。タイトルは，主演の倍賞千恵子
が歌った 1961 年の大ヒット曲からきており，その 2 年後，ヒット曲を前提に映画
化されたのである。

　　主人公の寺島町子は，東京の下町にある大きな石鹸工場で働く女性工員である。
同じ工場で事務職として働いている毛利道男と付き合っている。道男は，工場で採
用された有期雇用の社員で，正社員転換を目指している。正社員になった暁には東
京本社に異動し，町子と結婚したいと思っている。一方，下町の中小鉄工所に勤め
る北良介は，電車通勤中に町子に一目ぼれし告白をするが，そのときは断られる。
しかし町子は，徐々に良介の人柄に魅かれていく。

　　恋愛映画ではあるが，1 人の女性をめぐって，大企業のなかで昇進して下町を離
れようとする男性と，たとえ貧しくとも下町の中小企業で一生働き続けるであろう
男性が登場することで，働き方や暮らし方の選択がテーマといえる作品になってい
る。

『男はつらいよ　寅次郎真実一路』（1984 年，日本，松竹，107 分）

　　キャスト　渥美清（車寅次郎），米倉斉加年（富永健吉），大原麗子（富永ふじ子），
　　　　　　　倍賞千恵子（諏訪さくら），下條正巳（車竜造），三崎千恵子（車つね），
　　　　　　　前田吟（諏訪博）ほか

　　スタッフ　監督・脚本：山田洋次
　　　　　　　共同脚本：朝間義隆

　　ものがたり　例のごとく唐突に柴又のとらやへ戻ってきた寅さんは，たちまちタコ社
　　　　　長と喧嘩になり，家を飛び出してしまう。上野の焼き鳥屋で憂さを晴らしていると，
　　　　　隣り合わせた富永健吉と意気投合する。次の夜も一緒に呑みにいき，健吉の家に泊

めてもらうまでになる。酔いから醒めた翌朝，美しい健吉の妻・ふじ子と顔を合わせた寅さんは，彼女に一目ぼれする。ところが，少し経ってからふたたびふじ子を訪ねてみたところ，健吉が帰ってこないと伝えられる。

　ふじ子と寅さんは，わずかな伝聞を頼りに，健吉の故郷・鹿児島を訪ね歩くが見つからない。このまま彼が帰らなければと期待し始めた自分に嫌気が指した寅さんの前に，不精ひげを生やした健吉がふと姿を現す。有無をいわさず彼を自宅へ連れ帰った寅さんは，再会に喜ぶ家族を残し，また旅へ出ていくのだった。

🎥◀ 「下町」とは何か

　『下町の太陽』でいう「下町」とは一体どこなのだろうか。そのヒントは，冒頭のシーンにある。町子と道男が銀座でウィンドウショッピングを楽しんでいる。銀座には憧れのライフスタイルがある。続いて，2 人が勤める工場の本社がある丸の内のオフィス街を歩いた後，移動して地下鉄の浅草で降りる。そこから電車に乗り換えて隅田川を渡る。そのとき道男が町子に次のようにいう。

　ほら隅田川を越えるとグッと景色が変わってくるだろ，空まで暗くなる
　[🌐 0:03:26]

　今からは想像もできないかもしれないが，当時の東京には，工場が立ち並び，煙をモクモクとあげている下町が存在していたのである。道男は，この工場地帯の下町から町子と一緒に抜け出して，丸の内の本社で働き，郊外の団地で新生活を送りたいと思っている。柳沢（2010）によれば，1962 年当時，東京の人口の約 37 ％が製造業で働いており，第 2 位の卸売小売業従事者の約 23 ％を大きく引き離していた。

　図 5-1 に示したのは，この日のデートコースである。この地図から，隅田川を挟んで西側に大企業（正社員）や憧れの都市生活があり，東側には中小企業中心の下町があることがわかる。実際の街でロケーションが行われているので，アスファルトで舗送されていない道路，汲み取り式の便所など，当時の下町のリアルな生活が映り込んでいる。

　現代に生きる私たちが，団地が「憧れの対象」であったことを理解するのは

図 5-1　『下町の太陽』冒頭の町子と道男の移動

ほら隅田川を越えると
グッと景色が変わって
くるだろ，空まで暗く
なる（道男）

（出所）　地理院タイル（白地図）をもとに作成。

難しい。しかし，映画でこの風景を見れば，工場労働者たちが，「団地」とい
う当時最新のライフスタイルに憧れた気持ちがわかるのではないかと思う。た
とえば，主人公の家と次ページに掲載した団地内部の写真とを見比べてみても
らいたい。現在の私たちは，この団地を羨ましいとは思えないのだろうが，
1960 年前後の下町から見れば，たいへんに憧れる存在だったのである。[1]

●1　DVD『団地日和』（アルバトロスフィルム）に収録されている，1960 年の啓蒙映画
　　「団地への招待」は，憧れとしての団地生活が理解できる貴重な資料である。

高度経済成長期の団地の内観
（東京・ひばりが丘団地）

（提供）　東京都江戸東京博物館。

📹 道男のキャリアの夢

　事務職員の道男が正社員に憧れているという点にも，疑問を感じる読者がいそうである。男性の事務職は正社員であることが当然と思っているかもしれないが，高度経済成長の前期・1950 年代前半における日本企業の雇用管理は，今とは大きく異なっていた。本社一括採用ではなく工場別の採用管理が行われていたし，道男のように男性事務職でも非正規という雇用区分で採用される者は少なくなかった。つまり，正社員は大多数ではなく，憧れだったのである。

　また，時代をさらに10〜20 年，戦前・戦時中までさかのぼると，そのころは多くの日本企業が，工員（ブルーカラー）と職員（ホワイトカラー）の間に明確な身分差を設けていた。工場の生産ラインで働く工員は日給，事務業務に携わる職員は月給で，両者は食堂や職場への入口も区別されていた。多くの企業に労働組合が誕生した終戦直後も，工員組合と職員組合は別々に結成されるケースがめずらしくなかった。しかし，企業内民主化運動が高まるなかで，工員・職員の身分差撤廃が目標となり，1 つの組合，すなわち正社員（工員＋職員）組合が結成されるようになっていった。[2]

　その後，高度経済成長期（1955〜1970 年）を経て，日本の大企業には，「男性正社員」を中心的な対象として長期雇用を前提にした「日本的雇用慣行」が定着する。この用語には注意が必要である。日本的雇用慣行というと，「終身雇用」や「年功序列」が特徴とされていることから，一般に非競争的なイメージ

●2　たとえば，南雲・梅崎（2007）などを参照のこと。

「人の移動」と「職業の変化」

　家庭と仕事の歴史を振り返るために，本章の映画の背景となっている地方と都市の移動について説明しておこう。じつは，町子のような下町の工場で働く人たちに，もともと東京生まれの人は少ない。下町に暮らす多くは，上京して東京に住むようになった人々である。

　下図に，農村で農業を営む労働者がほとんどであった時代から，工業化による経済発展によって人々が生業（なりわい）の世界から離れ，近代的＝工業化セクターで働くようになる変化が示されている。農村から都市へ，さらに農業を中心とした生業（伝統的）セクターから職業（近代的＝工業化）セクターへと人々は徐々に移動するが，農村にとどまりつつ，農業以外の仕事へ移行する者や，農村にできた工場で働く人たちもいた。都市に移動した人たちも，いきなり大企業で働く人は一部で，まずは都市における自営業や小企業の従業員として働くことも多かった（第7章も参照）。その後，世代も移っていくなかで，だんだんと大企業ホワイトカラーとして働く人が増えていった。

　ここに見られるように，下町とは，かつて離村・離農したが，大企業のホワイトカラーにはなっていないような人たちとその家族が多く住む地域だったといえる。

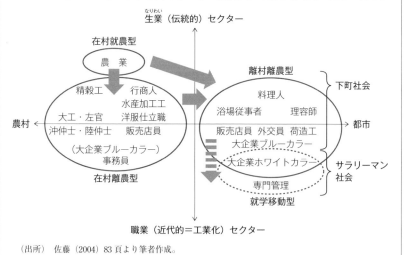

（出所）　佐藤（2004）83頁より筆者作成。

を抱かれている。しかし，従業員の勤続が長い傾向も，あくまでも諸外国との
比較においてというだけで，とても「終身」とはいえない。また，第4章でも
説明したように，欧米企業のブルーカラーには人事評価が存在しない場合も多
いため，毎期，評価結果を突きつけられる日本企業のブルーカラーのほうが厳
しい競争にさらされているといえる。しかも，こうした長期にわたる激しい企
業内競争の対象になっているのは，男性のみである。女性社員は，結婚退職ま
での就業が前提とされ，男性たちと同じ会社に勤めていても長期雇用されない。
こと女性社員に限って見れば，彼女たちは「競争のない世界」を生きている。

　道男は，このような企業内競争のなかで徐々にその競争意識にとらわれ，性
格が変わっていく。そして，その変貌に町子は違和感を持ち始める。正社員だ
けが生きる目標じゃない，競争だけが人生の目的じゃないという町子の気持ち
に対して，道男は次のような言葉を浴びせる。この一言が，町子の不信感をよ
り強める結果となる。

　　男にとっては一生の問題なんだ，入学試験にしろ，入社試験にしろ。女の
　　子とは違うよ。
　　（略）
　　女の子は結婚するまでの方便じゃないか ［🌐 0:48:18］

🎥 女性工員たちの夢

　道男の言葉にあるように，当時，多くの女性社員の夢が専業主婦であったこ
とは確かである。ただし，専業主婦になり，最先端の団地で生活するためには，
夫が正社員として，そこそこ稼いでいなければならない。映画のなかでも，女
工たちが「女子トーク」のなかで次のような発言をしている。

　　結局，サラリーマンね，結婚するなら。
　　3万（円）とってもらわないと，団地にも入れないわけか。

●3　厚生労働省「毎月勤労統計調査」によれば，1960年の「平均月間現金給与総額」は2
　　万4375円，「月間きまって支給する給与」の平均は1万9617円（事業所規模30人以上，

そうね，女の幸せって男次第だな［🌐 0:22:27～ ］

　町子は，同僚の女工たちと一緒に，サラリーマンと結婚した元同僚の団地へ遊びにいく。この同僚は，倍率 200 倍の光ヶ丘団地（千葉県柏市，1957 年竣工）に当選し，憧れの新婚生活を送っている。同僚たちは「いいな団地って，うらやましいわー」「すごい化粧品だ」という感嘆の声をあげるが，元同僚は浮かない顔で，突然涙を流す。憧れのライフスタイルとばかり思っていた彼女の生活は，夫は毎日帰りが遅く，休日も接待ゴルフで家にいないという寂しいものだったのである。映画には，「ゴルフ未亡人」という言葉まで出てくる。元同僚は次のようにいう。

　　なんだか大変なのね，男の人の仕事って。せっかくお化粧して待ってても，疲れた疲れたって，すぐ寝ちゃうのよ［🌐 0:34:42 ］

　このような夫婦は，何もこの映画のなかだけでなく，むしろ一般的であったと考えられる。図 5-2 の地図に，舞台となった光ヶ丘団地と東京都心の距離感を示した。光ヶ丘団地に限らず，戦後に開発された多くの団地は，関東圏の郊外に立地している。こうした地域から東京へ通勤するとなると，現在の交通機関でも自宅の最寄駅から職場の最寄駅までで約 1 時間，それぞれの駅までのアクセスを考えると，いわゆる「ドア・ツー・ドア」の通勤時間は 1 時間を優に超えることになる。このように長い通勤時間に長時間労働もあいまって，サラリーマン家庭の夫が家事や育児を手伝うことはほとんどなかったのである。

▶📽 もう 1 つの『下町の太陽』としての寅さん映画

　山田洋次監督は，1984 年に『男はつらいよ 寅次郎真実一路』という作品で，サラリーマンの過労死[4]（過労失踪）問題を取り上げている。コメディ映画の寅

　　サービス産業は含まれない）であった。20～30 代の夫に月 3 万円の稼ぎを望むというのは，世間一般よりも高い額を理想としていることになる。
●4　過重な労働負荷によって，循環器系を中心とする生理機能に重度の機能障害が生じ，結果として死にいたること（花見・日本労働研究機構，2001）。国際的にも

図5-2 都心と郊外の距離

(注) 所要時間（「Yahoo! 路線情報」による，2020年4月検索）：
・東京駅（丸の内オフィス街最寄り）◀── 山手線・上野駅・常磐線経由 ──▶ 南柏駅（光ヶ丘団地最寄り）＝59分
・東京駅 ◀── 山手線・上野駅・常磐線経由 ──▶ 牛久駅 ＝1時間25分
(出所) 地理院タイル（白地図）をもとに作成。

さんシリーズとしては，異色の作品である。

　この映画は，大手証券会社に勤める富永健吉が上野の飲み屋で寅さんと知り合いになる偶然から始まる。その後，飲みすぎた寅さんは，健吉の家に泊まっ

───────────────

　KAROSHI と呼ばれている。

てしまうが，その家は茨木県牛久にある（図5-2参照）。牛久は，前項の光ヶ丘
団地と同じく常磐線沿線であるが，さらに東京から離れている。

　健吉は，専業主婦の美しい妻・ふじ子とまだ幼くて可愛い息子とともに戸建
て住宅に住んでいる，大企業のエリート・サラリーマンである。1980年代に
は団地への憧れは失われ，働く人々の憧れは，庭があり，部屋数も多い戸建て
に移っていた。ところが，一軒家を購入するためには，都心からさらに離れな
ければならず，結果的に通勤時間も長時間になったのである。

　大企業に勤めているサラリーマンが，夜明け前に家を出て，長時間労働を経
て夜遅くに帰るという生活を，毎日繰り返している。これに対し，寅さんのよ
うな自営業者や，寅さんの家族が働く柴又（東京の下町）の中小企業では，職
住が近接しているので貧しいながらも家族で夕飯を囲んでいる。この「対比」
がとても印象的な作品である。結局，健吉は今でいうところの突発的なうつ病
のようになり，失踪する。そして，寅さんがふじ子と一緒に彼を探すことにな
る。このころ，過労死という長時間労働による突然死が，社会問題となってい
たのである。

　この映画が公開された1984年は，日本経済の絶頂期であった（第1章も参照）。
そのように社会が豊かになっていったなかで，仕事（ワーク）と生活（ライフ）
のバランスが問題化したのである。ワークライフバランス（work-life balance）
とは，仕事と生活の調和ともいわれる。内閣府が発表した「仕事と生活の調和
（ワーク・ライフ・バランス）憲章」では，仕事と生活の調和が実現した社会とは，
「国民一人ひとりがやりがいや充実感を感じながら働き，仕事上の責任を果た
すとともに，家庭や地域生活などにおいても，子育て期，中高年期といった人
生の各段階に応じて多様な生き方が選択・実現できる社会」であると定義され
ている。この問題は，1980年代以降も解決されていないどころか，近年，介
護や育児と働くこととの両立が求められるようになって，より注目されている。
現在も未解決な，社会全体で取り組むべき課題なのである。

▶◀ 町子の「疑問」

　さて，『下町の太陽』に戻り，後半の物語を紹介しよう。道男は正社員登用
試験を受けたものの，同じく正社員を目指していた同僚の金子に負けてしまう。

金子は女たらしの嫌な奴だが要領よく試験に合格し，次点となった道男の落ち
込みは激しかった。ところが，その金子が交通事故を起こす。道男がそのこと
を会社に告げると，金子の採用は取り消しとなり，一転して道男が正社員へ転
換する権利を手にすることになった。自分の彼氏が告げ口という行為で正社員
というポストを得て大喜びするのを見て，町子は失望感を募らせる。

　そんな彼女の気持ちに気づかないまま，いよいよ道男は町子にプロポーズを
する。以下に示したプロポーズ後の会話には，道男（男）と町子（女）の間の
絶望的なディスコミュニケーションが表れている。

　　　町子：あたしだって日当たりのいい団地に住みたいわ。でも，きれいな部
　　　　　　屋のなかでいい服着て，お茶を淹れたり，編み物したりすることが女の
　　　　　　幸せと思えない。
　　　道男：なぜ？　どうしてそんなこと考えるんだよ，僕にはわからないよ。
　　　町子：わからない？
　　　道男：君は黙って僕についてくればいいんだ。
　　　町子：黙って？
　　　道男：ああ，君に苦労はさせないよ，きっと幸せにする［🕐 1:17:32 ～］

　道男が望む家庭は，夫の自分が稼ぎ，妻が家事と育児を担う「男性1人稼ぎ
専業主婦世帯」であるのに対し，町子が望んだのは，夫婦が2人で稼ぎ，子育
てなどもともに行う「共働き世帯」だったのである。道男は，自分が稼いで町
子を養うことが彼女の幸せだという思いを抱いているが，それは「一方通行の
思い込み」であったといえよう。

　道男の家庭観は，今から見ると，とても古臭いものに感じられ，若い人ほど
町子に共感するであろう。とはいえ，道男は，この時代の平均的な男性像を体
現している。その後，高度成長期に自営業者が減少し，日本企業に長期雇用慣
行が定着するのにともなって，実際にも「男性1人稼ぎ専業主婦世帯」は増え
ていったのである。

　そうしたなかで，道男のような男性が，さらにモーレツに働く社員となり，
団地を離れて一軒家を買い，より長い通勤時間をかけて，仕事と生活の調和か

らどんどん遠ざかっていくことは，容易に想像がつく。その先にあるのは，前項で紹介した健吉の姿である。そのような日本人の働き方や家庭のあり方に対して，町子は「疑問」というメッセージを投げかけている。それは，この2作の監督である山田洋次のメッセージでもある。

町子は，道男からのプロポーズを断った。彼女は，「下町」で生きること，つまり共働き世帯を希望したともいえる。以下に記したのは，本作と同名の主題歌の歌詞である。このように，旧時代的な下町のなかに明るさを見つけている点が，この映画に込められた作品としてのオリジナリティなのである。

「下町の太陽」（作詞：横山弘，作曲：江口浩司）
下町の空に　かがやく太陽は　よろこびと悲しみ写す　ガラス窓
心のいたむ　その朝は　足音しみる　橋の上
あゝ太陽に　呼びかける
下町の恋を　育てた太陽は　縁日に　二人で分けた　丸いあめ
口さえきけず　別れては　祭りの午後の　なつかしく
あゝ太陽に　涙ぐむ
下町の屋根を　温（ぬく）める太陽は　貧しくも　笑顔を消さぬ　母の顔
悩みを夢を　うちあけて　路地にも幸（さち）の　くるように
あゝ太陽と　今日もまた　　JASRAC 出 2004641-001

■◀ 職住近接の共働き世帯

映画は，町子と中小鉄工所に勤める北良介の関係が接近し，2人が付き合うような「予感」で終わる。本作が提示する理想の仕事観・家族観は明確である。職住近接した地域で，ともに働き，ともに子を育てるという生き方が理想となっている。

本作で町子として主演を務めた倍賞千恵子は，国民的人気映画シリーズ「男はつらいよ」では，寅さんの妹さくらを演じている。さくらは，東京都葛飾区柴又生まれ，親戚の「おいちゃん」「おばちゃん」と一緒に団子屋で働き，店の隣の中小印刷工場で職工として働く諏訪博と結婚する。つまり，さくらの生き方は町子の生き方でもある。

図 5-3　専業主婦世帯から共働き世帯へ（1980〜2019 年）

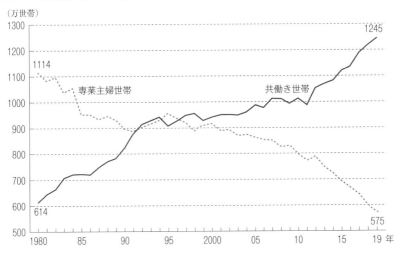

（注）　1）「専業主婦世帯」は，夫が非農林業雇用者で，妻が非就業者（非労働力人口および完全
　　　　　失業者）の世帯。
　　　　2）「共働き世帯」は，夫婦ともに非農林業雇用者の世帯。
　　　　3）2011 年は岩手，宮城県，および福島県を除く全国の結果。
　　　　4）2013〜2016 年は，2015 年国勢調査基準のベンチマーク人口に基づく時系列用接続数値。
（出所）　労働政策研究・研修機構ウェブサイト「早わかり　グラフでみる長期労働統計」Ⅱ図 12
　　　　（原資料：厚生労働省「厚生労働白書」，内閣府「男女共同参画白書」，総務省「労働力調査
　　　　特別調査」，総務省「労働力調査（詳細集計）」）。

　このような選択は，作品が親しまれた当時の社会においては，むしろ主流で
はなかった。しかし，図 5-3 に示すように，専業主婦世帯と共働き世帯は，
1990 年代後半にその数が逆転する。親と同居せずに共働きしつつ，育児や介
護も担うとなれば，先述したようなワークライフバランスが強く求められるよ
うになる。反対にいうと，長時間通勤と長時間労働をともなう働き方は，主婦
という家事・育児・介護を担う人がいなければ成り立たない働き方だったので
ある。現代にいたって，町子の仕事観・家族観は，ふたたび脚光を浴びるかも
しれない。
　要するに，どのように働くかという選択は，単独のものではないのである。
それには，どこに住む（ことができる）か，どのような家庭をつくるかといっ
た選択が，つねに付いて回る。長時間労働と共働きは両立しないかもしれない
し，1 人稼ぎのサラリーマン世帯が都内に一軒家を買うことはできないかもし

れない。もちろん，こうしたパターンのみならず，働き方と家族は，より多様なものになっていくだろう。そして，共働き世帯が主流になった現在，自助努力だけでは限界があるので，企業も在宅勤務制度やサテライト・オフィスを設けるなど，さまざまな取り組みを続けている。

　なお，共働き世帯の数が男性1人稼ぎ専業主婦世帯の数を上回った後の，2001年に公開された映画に，『とらばいゆ』がある。主人公の本城麻美（瀬戸朝香）は，エリート・サラリーマンと結婚したばかりの女流棋士である。家事は時間的に余裕のある麻美が担当しているが，子どもはいないので育児の負担はない。また，妻の仕事に理解がある温厚な夫が高給取りなので，都心の高層マンションに住んでおり，通勤時間は短い。ところが，夫婦には喧嘩が絶えない。結婚してから，麻美の棋士としての成績が下降しているからである。

　この興味深い作品から，夫婦の役割関係が単に時間配分の問題ではないことがわかる。つまり，棋士という「闘う仕事」が，「家庭的なもの」と両立しえない可能性を示唆しているのである。結果的に，麻美は別居によって闘争心を取り戻す。共働きが前提となる現代にあっては，仕事とは何か，家庭とは何か，性別役割意識とは何かが問われているといえよう。

● 参 考 文 献

佐藤（粒来）香（2004）『社会移動の歴史社会学——生業（なりわい）／職業／学校』東洋館出版社。

南雲智映・梅崎修（2007）「職員・工員身分差の撤廃に至る交渉過程——『経営協議会』史料（1945〜1947年）の分析」『日本労働研究雑誌』第562号，119-135頁。

花見忠・日本労働研究機構編（2001）『人事・労務用語辞典』日経文庫。

柳沢遊（2010）「首都圏の経済変貌——商工業の発展と中枢管理機能集積地の出現」大門正克・大槻奈巳・岡田知弘・進藤兵・高岡裕之・柳沢遊編（2010）『高度成長の時代1　復興と離陸』大月書店，107-156頁。

流動化する社会を生き抜く

自己投資と転職

第 6 章

・マイレージ，マイライフ（2009 年，アメリカ）

本章の目的

1つの企業に新卒で就職し，その後，定年までその会社で働き続けるという選択は，一部の大企業においてのみ主軸のキャリアデザインであり，かつて多くの学生たちの理想だった（今もそうかもしれない）。大企業では，人材育成計画も充実しているし，雇用は安定的，福利厚生制度も豊富に用意されている。賃金水準はもちろんのこと，他のさまざまな点でも，労働条件は企業規模間で異なってくる。とはいえ，1つの企業内でキャリアを全うしたいと望んでも，今やそれができる人の割合は減少し，ますます転職を前提とした人生計画（まさにキャリアデザイン）が求められるようになってきている。このような流動化する社会において，個人は何に悩み，そしてどのように選択をすべきなのだろうか。本章では，『マイレージ，マイライフ』を取り上げ，流動化社会における仕事と職業アイデンティティについて議論する。

┌───┐
│ 作 品 紹 介 │
└───┘

『マイレージ，マイライフ』*Up in the Air*（2009 年，ア
メリカ，パラマウント ピクチャーズ ジャパン，109
分）

　　キャスト　ジョージ・クルーニー（ライアン・ビンガ
　　　　　　　ム），ヴェラ・ファミーガ（アレックス・
　　　　　　　ゴーラン），アナ・ケンドリック（ナタリ
　　　　　　　ー・キーナー）ほか

　　スタッフ　監督・脚本：ジェイソン・ライトマン
　　　　　　　共同脚本：シェルダン・ターナー
　　　　　　　原作：ウォルター・カーン（『マイレージ，
　　　　　　　マイライフ』小学館文庫）
　　　　　　　字幕：岸田恵子

マイレージ，マイライフ
発売元：NBC ユニバーサル・エンターテイメントジャパン
価格：1,429 円＋税
DVD 発売中
©2009 DW STUDIOS L.L.C. and COLD SPRING
PICTURES. All Rights Reserved. TM, ® & ©2012
by Paramount Pictures. All Rights Reserved.

　　ものがたり　主人公のライアン・ビンガムの職業は
　　「解雇宣告人」である。人事コンサルティング会社
に所属して，業績の悪くなった会社の従業員の解雇を人事部の代わりに本人へ伝え
る仕事をしている。彼は，解雇された人の前に赤の他人として登場し，解雇のショ
ックを一時的に和らげ，その怒りを会社に向かわせず，自助努力に向かうように仕
向ける。アメリカ中を飛行機で飛び回り，なんと1年のうち300日以上が出張だ
という。肉親とも距離を置き，結婚にも興味を持たず，独りでいる人生を選択して
いる。そんなライアンの夢は，マイレージを1000万マイル貯めて飛行機に自分の
名前を残し，フィンチという謎の機長と面会するという，実体のないものである。

🎬◀　**解雇経験のつらさ**

　解雇宣告人が主人公の映画なので，本作には数々の解雇シーンが登場する。
自分の人生に解雇などというイベントが起こることを望んでいる人はいない。
解雇を告げられた直後の登場人物たちの台詞を，以下にいくつかあげてみよう。
映画のなかの他人とはいえ，解雇に際して人がどのような反応を示すかを知れ
ば，私たちも切実なストレスを感じるはずである。
　まず，ある男性は「いきなりすぎて何が何だか……"失業した"なんて妻に

言えるか？」という。呆然としながら絞り出した言葉であろう。彼は，よい夫なのかもしれない。家族を支えることに誇りを持っているのかもしれない。そんな彼の人生観が，突然の解雇によってすべて否定される。

　次に，ある人はライアンに次のように話しかける。解雇以前からギリギリの生活だったのかもしれない。そんな生活に，解雇による無収入が追い打ちをかけるに違いない。高収入である解雇宣告人と，解雇される側の貧困生活の対比が際立つシーンである。

> 夜，眠れるか？　家族は眠れてるか？　電気も止められず，冷蔵庫に食料があるか？　ガソリンも満タン？　週末には外食してる？　俺や子供たちとは大違いだ [🌐 0:32:52]

　解雇は，対象者の仕事役割を否定したうえで，生活そのものを不安定にする。したがって，自分自身を全否定されたように感じる人も多い。次の台詞を画面の前で聞けば，仕事経験がない若者であっても解雇の切実さが伝わるのではないだろうか。

> "失業"と"家族の死"は同じストレスだというが……僕の個人的感覚では……失業は"家族の死"じゃなく"僕の死"だ [🌐 0:03:33]

🎥 企業内キャリア形成の消滅？

　本作の原作は 2001 年に刊行されている。すなわち，ライアンが解雇宣告を続けていたのは，アメリカ経済が産業構造の転換を経験していた時期なのである。1980 年代には日本経済の好調が注目され，アメリカにおける製造業の国際競争力低下が経済問題となったが，その後 1990 年代中ごろからは IT（情報技術）の発展とともに新しい企業が続々と誕生し成長した。アップルの創業は 1976 年，マイクロソフトは 1975 年であるが，その後に数々の IT 企業が生まれ，それが産業の勃興につながったという歴史的な事実を確認できる。

　こうした，古い産業から新しい産業への移行期には，人々は移動と変化を求められる。現実的には，衰退する産業において解雇が頻発する。ところが，解

雇された人たちが新産業で需要されることは少ないので，ある人にとって産業構造の転換はそのまま失業を意味することも多い（第11章も参照）。

　1990年代の変化は，ITだけにとどまらない。株主価値の増大を目的とした企業経営は，短期の利益追求を強化し，M&A等が積極的に推奨された（第10章参照）。その結果，人々が所属する「企業」の境界は曖昧になった。事業の多角化が進み，商品・サービスのサイクルも短期化したので，同じ企業においても事業内容は短期に変容し続けた。そのようなビジネス環境のなかで，長期的思考よりも短期的思考が重視されるようになっていった。

　ピーター・キャペリによれば，そのような長期的思考から短期的思考の変化に加え，組織構造のフラット化も加速した。組織のフラット化とは，中間管理職を廃して，少数の管理職が直接多くの部下を管理する組織に変更することを意味する。多くの管理職がいて多層化しているピラミッド型組織に比べると，状況変化に対して柔軟に組織的な意思決定ができるという利点がある。むろん，管理職と部下のコミュニケーション・コストは増大するが，その円滑な運営にはITなどを駆使することが前提となっている。

　これらの複合的な要因を考慮して，キャペリは以下のように指摘する。後述するが，1980年代までのアメリカ大企業の雇用システムは，企業のコア人材は内部育成し，従業員の雇用を保障しつつ，長期勤続を促す仕組みであった。しかし，その後，そのような組織内キャリア（organizational career）の経路は衰退した（Cappelli, 1999a）。

　組織内キャリア開発とは，新卒の未熟練労働者を採用して時間をかけて育成し，必要に合わせて仕事を配分し，評価・処遇する仕組みである。このとき，組織のなかには，「外部」の市場と同じように，仕事や権限を配分し，労働サービスを価格づけする機能が備わっているととらえられる。この仕組みのことを「内部労働市場」という（詳しくはDoeringer and Piore, 1971を参照）。図6-1に示したのは，日本企業における内部労働市場のイメージである。雇い入れ口があり，その後，異動や配置転換を繰り返し，昇進の階梯を上がっていく。正社員と，嘱託，契約社員，パート，アルバイトの非正規社員とでは，配置転換・異動と昇進の階梯が異なることもわかる。

　キャペリは，内部労働市場型を"old deal at work"，外部労働市場型を"new

図 6-1　日本企業における内部労働市場のイメージ

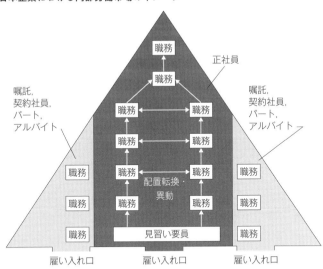

（出所）　佐野（1989）をもとに作成。

deal at work" と呼び，「キャリア型雇用は消滅した」（Career jobs are dead）と記した（Cappelli, 1999b）。彼がいうキャリア型雇用とは，内部労働市場における組織内キャリアの形成である。これは，日本でいうと，典型的には新卒採用者が定年まで勤めるという「終身雇用」を前提に人材育成計画を整備することにあたる。

　このような，新卒採用者が定年まで勤めるという想定については，日本企業の雇用システムを思い浮かべる人が多いかもしれない。アメリカの大企業には，必要な人材は中途採用に大きく依存し，労働者も転職を前提に働いているというイメージがある（第 2 章も参照）。しかし 1980 年代までは，アメリカ大企業でも製造業を中心に，内部労働市場型は多かったのである。

　ところが，先に述べたように，1990 年代以降，アメリカでは内部労働市場型から外部労働市場型へのシフトが生じた。そうしたもとでは，理想とされるキャリア形成も変化する。理想像の 1 つに，伝統的な組織内キャリアに対するアンチテーゼとして提示された，バウンダリーレス・キャリア（boundaryless career）がある（Arthur and Rousseau, 1996 ほか）。その典型例として紹介された

のは，シリコンバレーのIT技術者などの，企業を横断的に移動しながら職業キャリアを形成する人材であった。

　ほかにも，移り変わるビジネス環境に対して変幻自在（プロティアン，protean）に適応しながら主体的にキャリア形成に取り組み，他者から評価されることよりも個人の仕事における満足度や成長感などの心理的成功を目指す，自己志向的キャリアとして，プロティアン・キャリア（protean career）というモデルも提示されている[1]（Hall, 1996 ほか）。終身雇用を前提とした内部労働市場では，キャリアは企業によって開発されるものだったのに対して，自分で自分のキャリアを開発することが理想とされるようになったのである。

🎥◀ ライアンのキャリア観

　このような，キャリアについての新しい理想像は，ライアンのキャリア観とも重なる。彼のモットーは，「バックパックの中に入りきらない人生の持ち物は背負わない」だという。彼の部下で新入社員のナタリーは，ライアンの価値観を批判し詰問するが，彼からの回答は次のような，じつに素っ気ないものであった。

　　ナタリー：誰かと生きる将来をなぜ考えずにいられるの？
　　ライアン：簡単だ。見つめ合うと魂が通じ合い──その瞬間世界は静まり
　　　かえる。経験あるだろ？
　　ナタリー：あるわ。
　　ライアン：僕はない ［🌐 1:01:15 ～］

　ライアンは，自分の周りの人間関係や住む場所を切り捨てること，つまり，家族・地域・企業組織などのすべてのコミュニティを捨て去ることで，自由を手に入れ，あらゆる境界を横断できると思っている。バウンダリーレス・キャリアの極致ともいえる。そして変幻自在に，個人として短期で変化し続ける

---

　[1]　「プロティアン」は，ギリシア神話に出てくる，思いのままに姿を変えられる神プロテウスが語源。

ことが，ビジネスの成功をもたらすと考えている。実際，彼は解雇宣告業のかたわら，雇用される力を意味するエンプロイアビリティ（employability）を高めるための，社会人向け自己啓発セミナーの講師の仕事も続けている。しかし，こうした生き方は持続的な幸福（well-being）をもたらすのだろうか。

　ライアンのようなキャリア観に対して，批判的な立場をとっている代表的な論者に，社会学者のリチャード・セネットがいる（Sennett, 1998）。セネットは，社会がフレキシビリティ（弾力性，柔軟性）を重視するようになれば，1つか2つの分野の階段を少しずつ上がっていく伝統的な組織内キャリアは壊滅状態になり，職業生活を通じて1つの技能を磨き，それに頼っていくこともできなくなると指摘する。彼は，現代社会に適応するための行動様式や生き方の原則を最も的確に表現する言葉は，"no long term"（長期思考はダメ）だという。いま長期的に思考しても，近い未来に状況は新しいものへと変化しているので，過去の思考は捨てなければならなくなる。

　ここまでの現状認識は，先述した他の論者と共通するものである。しかし，そのうえで彼は，経済的成功とはまったく別の次元で，人間性の腐食（corrosion of character）が起こると指摘する。短期の変化を長く続けていると，自分自身のなかで変化しないものを見つけることが難しくなる。一般的には，職場や仕事が変わらないからこそ，「私＝私の仕事」という職業アイデンティティが構築されるのだが，絶え間なく変わる産業社会において，企業が今すぐ必要とする生産性向上のニーズを満たすことが自己目的化すれば，自分のなかの一貫性を見失ってしまう。

　ライアンも，たしかに解雇される人たちに比べればビジネスの成功者かもしれないが，彼のアイデンティティはマイルを貯めるという空っぽなものになっている。この映画の原題が，Up "in the Air" であることは象徴的であるといえよう。

自己啓発社会

　アメリカの中産階級200人あまりに，家族・仕事・宗教・地域活動についてインタビューした，ロバート・ベラーほか『心の習慣——アメリカ個人主義のゆくえ』という書物がある（Bellah et al., 1985）。ここで，アメリカ社会におけ

COLUMN about words

元祖「自己啓発本」

　アメリカにおける自己啓発本の元祖ともいわれるのが、『人を動かす』である（Carnegie, 1936）。同書が書かれたのは 1936 年、日本でも翌 1937 年に翻訳が発売され、現在まで売れ続けている超ロングセラーである。

　著者のデール・カーネギーとは、何者なのだろうか。彼は、もともと職業作家ではなかった。セントラル・ミズーリ州立大学卒業後、雑誌記者、俳優、セールスパーソンなど雑多な職業を経て YMCA の弁論術担当となり、やがてデール・カーネギー研究所を設立した。演劇や小説に関心のあった内向的な人間が、世間の荒波にもまれるなかで、有名無名を問わず人間を観察し続けた。この本では、彼が見つけた人々の生の声が紹介されている。

　同書の書かれた 1930 年代は、工業化が進んで大工場がつくられ、企業組織も拡大した時期である。企業内キャリア・パスが形成されると同時に、地方から工業地帯や都市部に多くの人が移動した。それまでの社会では、人々の多くは土地や血縁に縛りつけられていたが、経済成長とともにキャリア選択の幅が広がったのである（第 5 章の COLUMN も参照）。

　しかし、その反面、人間関係は流動化することになる。具体的には、自分の周りに「見知らぬ他人」が増える。田舎で農業を続けていれば、仕事で付き合う人間は、そのほとんどが顔見知りだっただろうが、都会で営業を担当すれば、知らない相手に何かを売らなくてはいけない。サービス経済化やグローバル化が進めば、このような流動性はさらに加速する。

　『人を動かす』で最初に紹介されているエピソードは、ある殺人鬼が捕まったところ、その者はなんと「自らを優しい心を持っている人間である」と思っていた、という話である。他人の心は理解しがたいのだという教訓を示しているといえよう。このように、人々は都市において、理解不能な「他人」が集団となって眼前にいるという現実に直面することになった。この本は、原題を *How to Win Friends and Influence People* という。つまり、「人を動かす」（influence people）というメッセージは、知らない他人が対象であるとの前提に立ったものなのである。カーネギー自身が職業を転々としてきた経験を持っていたことで、彼の言葉は説得力をもって受けとめられたと考えられる。

図 6-2　自己啓発の本（自分を変えたり，高めたりするための本）を買うか

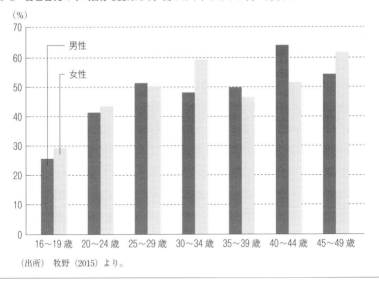

（出所）牧野（2015）より。

るキャリアの理想像の１つに，セルフヘルプ（self-help）があるということが指摘されている。ベラーによれば，カウボーイ映画やハードボイルド小説に人気が集まるのも，このセルフヘルプと関係しているのだという。個人の力で食べていけること，また，自分のキャリアを自身でコントロールしていることが，理想とされたのである。つまり，「自立と自律の両立」が目指されたといえる。

　ところが，産業構造が転換して雇用も流動化し，そのうえ景気も後退してくれば，このような自立と自律の両立を実現することは難しくなる。書店で自己啓発本が売れているのは，難しいからこそ自分の判断でこれらを達成したいと思うからなのである。

　ちなみに，このような自己啓発本や自己啓発セミナーは，アメリカ映画のなかで戯画化されて描かれていることが多い。リストラされたエリート・サラリーマンが主人公の『カンパニー・メン』（2010 年）では，会社がリストラ候補者を通わせる転職支援会社のセミナーが描かれる。そのセミナー講師の，薄っぺらく明るいだけの話しぶりは表層的な偽物そのものである。また，アメリカの家族やコミュニティの崩壊を取り上げた『アメリカン・ビューティー』（1999 年）では，主人公の妻が上昇志向だけの下品な女性として描かれ，その彼女がさら

に下品な自己啓発セミナー講師に入れあげるシーンが登場する。ここでの自己啓発とは，流動化する社会において唯一信頼できると思える価値を，「無根拠に信じる病」なのである。

　このような自己啓発の広がりは，日本社会においても同様である。牧野（2015）は，質問票調査を分析し，図 6-2 の結果を示している。「自己啓発の本（自分を変えたり，高めたりするための本）を買うか」という質問に対して，20 代前半から読む人が徐々に増えていることが確認できる。

🎥◀ 「つながり」を求めて彷徨う

　本章の映画に話を戻そう。主人公のライアンは，変化を続ける社会に適応しているし，その考えに基づいて自己啓発セミナーの講師として他人のキャリアデザインにも影響を与えているように見える。ところが，ストーリーが進むにつれて私たちは，彼自身の職業アイデンティティも揺らぎ，不安を抱えていることに気づき始める。

　ライアンには大きく 2 つのできごとが起こる。1 つは，空港で知り合った自分と同じ匂いを感じるビジネスウーマンのアレックスと付き合うようになる。彼は，家族というつながりを否定して，彼女とも恋人未満の付き合いを続けるが，徐々に気持ちが揺らいでくる。

　2 つめは，妹の結婚である。ライアンは，長年離れていた家族の結婚式にアレックスと一緒に参加する。ところが，結婚式の前日に妹の婚約者がマリッジブルーに陥り，結婚したくないと言い始める。婚約者曰く，このままでは「自分の人生が見えすぎてしまう」のだという。ライアンの姉は，ライアンが家族として存在しないも同然だったことを責め，こんなときくらい役に立てという。彼は，婚約者を説得するために次のように話しかける。

　　正直な話，結婚は面倒のタネだ。君の言うとおり，破滅につながるだけさ。
　　人生はどんどん過ぎる，時は止められない。終着点は同じ。無意味だ。
　　（略）
　　振り返ってみろ。君が人生で幸せだった時——独りだったか？
　　（略）

　ゆうべ結婚式を前に不安が頭をよぎった時──独りでベットに？　[🌐
1:22:58]

　ライアンは，婚約者を説得しつつ，自分を説得していたのかもしれない。実
際，彼はその後，自分のこれまでのキャリア観を否定し，結婚という面倒なつ
ながりをつくろうと考えて，アレックスのもとへ向かう。
　だが……じつはこれにも，後味の悪い大どんでん返しがある。
　本作には，つながろうと思ってもつながれない現代人の苦悩が描かれている。
結末はここには記さないでおこう。ぜひ映画を見てもらいたい。

● 参 考 文 献
佐野陽子（1989）『企業内労働市場』有斐閣選書。
牧野智和（2015）『日常に侵入する自己啓発──生き方・手帳術・片づけ』勁草書房。
Arthur, Michael B., and Denise M. Rousseau（1996）*The Boundaryless Career: A New Employment Principle for a New Organizational Era*, Oxford University Press.
Bellah, Robert N., Richard Madsen, William M. Sullivan, Ann Swidler and Steven M. Tipton（1985）*Habits of the Heart: Individualism and Commitment in American Life*, University of California Press.（島薗進・中村圭志訳『心の習慣──アメリカ個人主義のゆくえ』みすず書房，1991 年）
Cappelli, Peter（1999a）*The New Deal at Work: Managing the Market-driven Workforce*, Harvard Business School Press.（若山由美訳『雇用の未来』日本経済新聞社，2001 年）
Cappelli, Peter（1999b）"Career jobs are dead," *California Management Review*, vol. 42, no. 1, pp. 146-167.
Carnegie, Dale（1936）*How to Win Friends and Influence People*, Simon and Schuster.
Doeringer, Peter B., and Michael J. Piore（1971）*Internal Labor Markets and Manpower Analysis*, D. C. Heath and Company.（白木三秀監訳『内部労働市場とマンパワー分析』早稲田大学出版部，2007 年）
Hall, Douglas T.（1996）"Protean careers of the 21st century," *Academy of Management Executive*, vol. 10, no. 4, pp. 8-16.
Sennett, Richard（1998）*The Corrosion of Character: The Personal Consequences of Work in the New Capitalism*, W. W. Norton.（斎藤秀正訳『それでも新資本主義についていくか──アメリカ型経営と個人の衝突』ダイヤモンド社，1999 年）

自分の会社をつくるという道

第 7 章

小規模企業の世界

- 洋菓子店コアンドル（2010 年，日本）
- ALWAYS 三丁目の夕日（2005 年，日本）

本章の目的

　この章では，開業行動と小規模企業の実態を見る。自分の会社や店を持つということは，どこかに雇用されて働くこととは大きく異なる。何よりもまず，所得あるいは収入の面で，雇用されている場合と異なり，定期的に一定の収入が確保されるというわけにはいかなくなる。売上による収入の変動と，仕入れの価格や従業員の給与等の支出の変動によって，日々の利益は大きく異なってくる。事業が軌道に乗るまではもちろん，その後も，さまざまな環境の変化から影響を受け続ける。

　また，自分の会社や店を持つとなれば，専門の技能を身につけているだけでは不十分となる。企業であっても店舗であっても，経営者としてのノウハウが必要になる。仕入れ先を確保し，商品・サービスの構成を考え，販売・マーケティングや経理の知識も求められる。加えて，従業員の育成と管理も行わなければならず，人間関係を構築する能力が要る。

　本章では，高度経済成長期，とくに日本おけるモータリゼーションのはじまりを背景として，自動車修理業者が描かれている『ALWAYS 三丁目の夕日』と，最近の日本経済の第三次産業化と生活の質を求める消費者の行動を反映した美食ブームに目を向けて，ケーキ店を描いた『洋菓子店コアンドル』を取り上げる。

```
作 品 紹 介
```

『**洋菓子店コアンドル**』（2010年，日本，アスミック・エース，115分）

　キャスト　江口洋介（十村遼太郎），蒼井優（臼場なつめ），戸田恵子（依子・ウィルソン）ほか

　スタッフ　監督・脚本：深川栄洋
　　　　　　共同脚本：前田こうこ・いながききよた

　ものがたり　主人公・臼場なつめが，従業員数名の小さな洋菓子店コアンドルを舞台に，ケーキ職人として成長していく物語。今やめずらしい食べ物ではなくなったケーキだが，有名店ともなると，その世界は厳しく奥深い。高評価を維持しながら営業を続ける難しさも格別である。それでも喜ばれるケーキをつくるために腕を上げようと，真剣に努力を続ける職人たちの姿が映し出されている。

『洋菓子店コアンドル』
発売元・販売元：ポニーキャニオン
価格：Blu-ray，DVDともに¥4,700＋税
©2010『洋菓子店コアンドル』製作委員会

　ある日コアンドルに突然，なつめと名乗る女の子がやってくる。パティシエを目指して東京に出た恋人を地元の鹿児島に連れ帰るために訪ねてきたのだが，彼はすでに店を辞めていた。なつめは行くあてもなく，コアンドルで働きたいと言い出す。

　彼女は，実家で親のケーキ店を手伝っており，ケーキづくりには多少の自信があるという。採用にあたってその腕を試されるが，まったく話にならない。一流のパティシエが持っている技と，適当に身につけた技の間には，格段の差があるのだ。そのことに気づかされたなつめは，店長に頼み込み，修業させてもらえることになった。先輩パティシエや，オーナー店長のシェフパティシエ，時折店を訪れる評論家の十村遼太郎からも指導を受けながら，技術や心構えを身につけていく。

　十村は，かつてフランスでも修業を積み伝説とまで呼ばれたパティシエであったが，仕事に熱心なあまりお迎えに行くのが遅れ，娘を交通事故で亡くしてしまった過去を持つ。彼はそれ以来，菓子づくりをやめてしまっていたが，なつめやコアンドルとかかわるなかで，ふたたびケーキづくりに取り組むようになっていく。本作は十村の再生の物語でもある。

　映画は，海外へ修業に旅立つなつめと，娘の死後疎遠になっていた妻に自らがつくったケーキを届ける十村を映して終わる。なつめと十村の2人は，互いにめぐ

りあわなければ，どちらも未来に歩み出すことはなかったであろう。技を磨くことが自分を高めること，そして，仕事のつながりや交わりを通して人は成長していくことが描かれた作品である。

『ALWAYS 三丁目の夕日』(2005 年，日本，東宝，132 分)

キャスト　吉岡秀隆（茶川竜之介），須賀健太（古行淳之介），小清水一揮（鈴木一平），堀北真希（星野六子）ほか

スタッフ　監督・VFX・脚色：山崎貴
　　　　　共同脚色：古沢良太
　　　　　原作：西岸良平（『三丁目の夕日』小学館）

ものがたり　1958 年，まさに高度経済成長期に入ろうとしている時期の東京下町で，家内工業として自動車修理工場を営む鈴木オートという会社が舞台である。そこに，青森から集団就職で東京に出てきた六子（6 番めの子どもか）が，2 階に住み込みで雇われるところから映画は始まる。

　鈴木オートは，社長と，従業員である六子，ときどき仕事を手伝う社長の妻によって成り立っている。集団就職という形で仕事を求めて都会に出てきた地方の若者が，慣れない東京で生活していく姿と，戦争の傷跡を残しつつも戦後の混乱がようやく収まりかけている東京を背景に，貧しいながらも日本が未来に向かって動き始めているという希望を感じながら生きる人々を描いている。

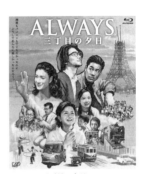

ALWAYS 三丁目の夕日
Blu-ray & DVD 発売中
発売元：小学館／販売元：バップ
©2005「ALWAYS 三丁目の夕日」製作委員会

産業構造の変化

　本章で取り上げる 2 作品が，日本経済の歴史のなかにどう位置づけられるかを，まず見てみよう。両作の時代背景を理解できれば，過去からの流れの先に私たちが生きている現在があることを再認識できると思う。

　図 7-1 は，第一次，第二次，第三次産業の別に，就業者数の推移を示したグラフである。『ALWAYS 三丁目の夕日』は，高度成長が始まろうとしている東京の姿を描いている。1950 年代後半から 1960 年代にかけての高度経済成長期は，第二次産業，すなわち製造業の成長に，日本が支えられていた時代である。

図7-1　産業別就業者数の推移（年平均）

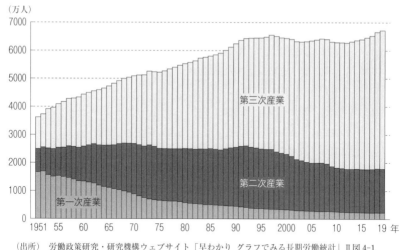

（出所）　労働政策研究・研修機構ウェブサイト「早わかり　グラフでみる長期労働統計」II 図 4-1
（原資料：総務省「労働力調査」）。

　しかし，1970 年代初頭の石油ショックにより日本の経済成長は鈍化し，その後
バブルが崩壊すると第二次産業は雇用吸収力を失っていく。
　一方，第三次産業は成長を続け，そこで働く人の数も増え続けた。人々が求
める生活のスタイルも変化したといえる。物の量で満たされるよりも，質の高
い食事やサービスを求めるようになった。そのような変化の表れの1つに，
『洋菓子店コアンドル』が描くようなペストリー・ショップの成長もある。
　それにしても，60 年前の東京を描いた『ALWAYS 三丁目の夕日』を，現代
の若者が見て，そこに昭和の息吹を感じて楽しむことができるというのは，当
時の日本の痕跡が今の生活のなかにも存在しており，また，それらを通じて心
のなかに描き出される戦後日本の原風景が，映像にしっかりととらえられてい
るからに違いない。
　たとえば，映画の最後に工事中の東京タワーが出てくるが，これは 1958 年
12 月 23 日に竣工した。その完成時期からいっても，東京タワーは戦後復興の
象徴であり，未来の成長を予感した東京の住民が，そこに希望を反映した存在
であったろう。この時代に高度成長へと離陸し，その後 1980 年代に，「ジャパ

ン・アズ・ナンバーワン」といわれ世界の脅威にまでなった日本経済の強さを支えたのは，製造業である。繊維，造船，製鉄，化学，自動車，電機と，主要産業は移り変わっていったものの，それぞれの時期に世界に冠たる企業が現れたのが昭和という時代であった。

映画のなかで鈴木オートが取り扱い，また自家用車代わりに使用しているのは，三輪自動車である。本格的なモータリゼーションの前夜に，風景のなかへ新たに入ってきた象徴的な工業製品である。ほかにも，テレビが家庭に入り始め，冷蔵庫といった工業製品が登場していたことがわかる。ちなみに，六子が古くなって腐ったシュークリームであってもどうしても食べたくなるほど，ケーキ類は特別な食べ物であった。六子は，我慢ができず食べてしまいお腹を壊して寝込むことになるが，シュークリームなどの生菓子が日常的に家庭に現れるには，冷蔵庫の普及を必要としたのである。

六子は集団就職で上京してくる。これは歴史的に重要な労働問題であり，まさにこの時期の日本の労働市場の特徴をとらえた設定といえる。日本の戦後の経済成長は，地方から大量に供給される若い労働力に支えられていた。六子のように，東北地方からも多くの中卒生が，東京での就職を約束されて移動したのである。そして，日本経済の中心が第一次産業から第二次産業に移っていくにつれ，1960年代以降は新卒者の就職先が圧倒的に製造業になる。また片瀬(2010)は，地方出身の新卒者は都内出身者に比べて中小企業に就職することが多かったことを示しており，六子が鈴木オートという小規模企業に就職したという設定にも，当時の状況が反映されていることがわかる（第5章のCOLUMNも参照）。

一方，『洋菓子店コアンドル』は，時代が下って洋菓子店が日常的風景になった現代の物語である。先述の通り，石油ショックによって製造業の成長は明らかに鈍化し，働く場所として存在感も大きく減退した。加えてバブル崩壊の影響で，就業者全体の数も減少が始まるが，その時期にもサービスや飲食業を含む第三次産業の雇用は伸び続けた。これには，日本人が何をおいても高い所得の獲得を目標としていた時代を経て，徐々に生活のなかに豊かさを求めるようになり，質の高い食事などを楽しむ時代に入ったことが反映されている。この映画は，そのようななかで若い人たちが何を目指し，どのように仕事を身に

つけていくかを描いている。

　コアンドルのなつめも鹿児島から上京しているが，就職を求めて出てきたわけではない。はじめは恋人を探すためだったのであり，生活のために故郷を離れて働きに出なければならなかった六子のような悲壮感はない。

　当初の目的が果たせなかったこともあって，なつめはケーキ職人を目指すことになるが，そこで，世界的にも認められて「伝説のパティシエ」と呼ばれた十村とめぐりあう。ここに描かれているのは，ケーキが日常の風景のなかにあり，普通の人がよりおいしいケーキを求め，それに応えるべく最上級の知識と技を持つ職人が腕を振るう社会である。そして，日本人のなかからも，それを目指して修業に励む若者が登場するほど，生活に余裕を持てる時代が到来したことが示されている。

▶ 中小・小規模企業

　鈴木オートで働いているのは，社長と，それを手伝う妻，住み込み従業員である六子の3人である。コアンドルも，オーナー，彼女の夫，なつめの先輩にあたる職人と，住み込みのなつめの4人である。つまり，本章の2作品は，どちらも従業員が数人しかいない零細事業所を舞台としている。日本全体で見ると，このような世界でどれくらいの人が働いているのだろうか。

　「中小企業」の定義は法律や統計によって異なるが，よく用いられるのは中小企業基本法のものである。それによると，従業員規模でいえば，製造業では常時使用する従業員の数が300人以下の会社及び個人，卸売業では常時使用する従業員の数が100人以下の会社及び個人，小売業では常時使用する従業員の数が50人以下の会社及び個人，サービス業では常時使用する従業員の数が100人以下の会社及び個人が，中小企業に該当する。同様に，小規模企業の定義は，製造業その他で従業員20人以下，商業・サービス業で従業員5人以下とされており，これらにしたがえば，両作品はいずれも，小規模企業が舞台であるということになる。

　表7-1に，従業者規模別の事業所数と従業者数の割合を示した。5人未満の事業所が日本の職場の60％弱を占め，国内の約12％の人がそこで働いている。さらに事業所規模を30人未満までに広げると，約94％の事業所がそこに属し，

表 7-1　従業者規模別の事業所数および従業者数の割合（民営）

（単位：％）

従業者規模	事業所		従業者		
1～4 人	58.2		12.0		
5～9 人	19.7	93.8	12.4	49.2	
10～19 人	11.7		15.3		
20～29 人	4.2		9.5		85.2
30～49 人	2.9		10.5		
50～99 人	1.8		12.0		
100～199 人	0.7		9.1		
200～299 人	0.2		4.4		
300 人～	0.2		14.7		
派遣従業員のみ	0.4		—		
計	100.0		100.0		

（出所）　総務省「平成 26 年 経済センサス－基礎調査
（確報）結果の概要」17 頁。

半数近くがそこで働いていることになる。反対に，大企業についても見てみよ
う。中小企業基本法の定義に則って，従業員が 300 人より多い企業を大企業と
すると，事業所数ではわずか 0.2 ％，従業員数では約 15 ％となり，大企業と
それほど変わらない数の人が小規模企業で働いていることがわかる。この意味
でも，この 2 作はそれほど特異な世界を扱っているわけではなく，日常で目に
する人間ドラマに焦点を当てているといえる。

　また，鈴木オートは自動車修理業，コアンドルは洋菓子店（菓子製造小売業）[1]
であるから，サービス産業に分類される。広義サービス産業とは，すなわち第
三次産業を指し，電気・ガス・水道，卸・小売，金融・保険，不動産，運輸，
情報通信，狭義のサービス産業，政府サービス，民間非営利サービスが含まれ
る。このうちの「狭義のサービス産業」には，娯楽，飲食，旅館（宿泊），洗
濯・理容・美容・浴場，教育，医療・福祉等の対個人サービス，広告，業務用
物品賃貸，自動車・機械修理，研究等の対事業所サービスが含まれる。したが

●1　経済産業省「商業統計」によると，2002 年時点で，菓子製造小売業（卸・小売業の
　小分類）の商店数は 3 万 2202 店，従業者数は 15 万 8303 人であった。ただし，これに
　は和菓子店も含まれる。規模別には，従業者 4 人以下の店が全体の 68.9 ％を占めた。

図 7-2　自営業者数の推移

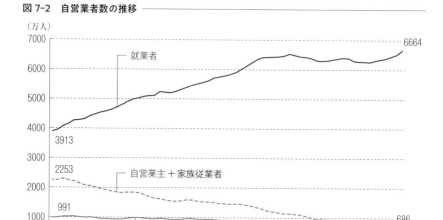

（出所）　総務省「労働力調査」より作成。

　って，本章で取り上げた映画はいずれも，サービス業の小規模企業を描いた作品である。

　なお，このような小規模企業には，自営業が多く含まれる。鈴木オートは有限会社だが，コアンドルは自営業かもしれない（映画からは判別できないが）。そこで参考までに，本項で自営業者の数も確認しておこう。

　じつは，日本においては自営業が経済に占める重みが低下し続けている。図7-2 に示されるように，1953 年には，全就業者3913 万人のうち，自営業主は991 万人，家族従業者を含めると2253 万人いて，全就業者の57.6 ％を占めていた。ところが，2018 年においては，全就業者6664 万人のうち，自営業主はわずか535 万人，家族従業者は急激に減少して151 万人しかいない。自営業主と家族従業者を併せても全就業者の10.3 ％に過ぎない。日本の就業者の大半は雇用者なのである。自営業は企業の卵を含むため，新たな産業が生まれる温床と考えられている面もあるのだが，この数値を見る限り，自営業という形態で新たに事業を起こし，小規模な段階から出発している起業家の数は少ないといわざるをえない。

▶️◀ 事業の継続と発展

　では，新たに開業しそれを維持あるいは発展させていくには，どんな要件を満たす必要があるだろうか。『洋菓子店コアンドル』から，いくつかのヒントを見出すことができる。

　まずは何といっても，事業の核となる技術とそれを実現するために必要な従業員の技能である。なつめは故郷において父の店でケーキづくりを手伝っていたようだが，一流のケーキ店であるコアンドルでその程度の技術はまったく通用しない。東京という多くの有名ケーキ店がひしめく場所で，舌の肥えた顧客を納得させてつなぎとめるには，高い技が求められる。ましてやコアンドルは，そのような市場でただ生き残ろうとしているのではなく，より質の高い注文と最高級の評価を得ることを目指している店なのである。

　それらの技能は，指導者から見習いに，しばしば先輩から後輩へと受け継がれていく。店長は店のレベルを保つために，店員の技能の育成に余念がない。基本はOJT（第2章参照）である。しかし，OJTとは，単に働けば技能が身につくということを意味しない。店長がなつめにさせたように，最初は簡単な仕事を与え，かつ先輩の指導のもとで働かせる。先輩は，まず自分でやってみせることで仕事を理解させ，次に手伝わせ，さらに共同作業を行ったり口頭での説明を挟んだりして，技能を伝えていく。また，なつめがかなり上達した後も店長は，今度は彼女の独り立ちを視野に入れ，彼女のケーキを常連客に味わってもらい評価を尋ねるなどしている。小さなケーキ店であっても，顧客から評価されるような技術を身につけさせるのは容易いことではない。

　店長がなつめに，職人になることの難しさと心構えを説く場面がある。なつめはそのやりとりのなかで，店長も十村と同様，長い修業とさまざまな苦労を重ねて腕を磨いてきたことを知るのである。

　あんた（なつめ）は，仕事と男，どっちとるの？

　（略）

　1人になるのが怖いんなら中途半端で終わる。一人前になるには，これからいろんな経験を積まなくちゃならないんだからね［🌐 0:36:15～］

　さて次に，経営者としての能力が重要である。コアンドルのような小さな店舗であっても，財務管理は疎かにできない。店長は，店を閉めた後，夜遅くに帳簿を開いて，日々の売上・費用・利益を追っている。正確な在庫管理も不可欠である。なつめが練習のために勝手にケーキの材料を使っていたことがわかり，材料の無断使用を叱責する場面でも，店長はすでに不自然な在庫の減少には気づいていた。

　経営者は営業にも余念がない。大使館からの大きな受注を獲得してきたのは店長である。日々よいケーキを提供し評判を維持するだけでなく，チャンスをものにできるよう人的ネットワークを張っておく必要がある。そのためには，良好な人間関係を築ける人格も求められよう。

　右腕の存在も無視できない。小さな店の経営でも，適切にビジネスを進めようとすれば，多くの問題に直面する。社長がそれらをすべて抱えていては，経営は立ち行かなくなる。事業の将来を左右するような重要な課題から，日々の細々とした業務にいたるまで，信頼して相談ができる人材の存在は欠かせない（第12章も参照）。

　経営者の最も重要な役割は，判断である。とはいえ，とりわけ存続が問題となるような局面や，反対に大きく飛躍できるかどうかという局面において，1人で判断を下すのは難しい。従業員を抱えている場合には，彼らの生活もかかっている。大きな責任がともなう重要な課題に関しては，自分の判断の是非を相談したり，精神的な支えを求めたりすることが，どうしても出てくるだろう。

　また，起業家はビジネスチャンスを追い求めることや経営の拡大に集中しがちである。彼らはさまざまな機会を手中にしようとする。そして，自分の技術の将来性を確信して製品やサービスの開発に邁進する。しかし，事業を進めるには守りも重要である。資金繰り，マーケティング，営業などの問題を同時に解決していかなければならない。それらに目配りをしながら安全に経営を舵とりする人材が不可欠である。

　冨田（2002）は，「右腕従業員がいることが多い業務は，営業・販売，財務・経理，そして生産・技術である」と述べ，彼らの存在が売上高に大きく貢献することを指摘している。コアンドルでも，店長は夫のジュリアンや十村に支えられている。

　そして，資金である。そもそも革新的アイデアを持ち新規ビジネスの可能性を予見する者がいたとしても，ビジネスを始めるには開業資金を調達しなければならない。まずは先立つものが必要である。

　日本でも最近はイノベーションが注目され，新たなビジネスや産業の創出が叫ばれてはいるものの，新ビジネスに好んで投資するベンチャー・キャピタルが十分に育っておらず，新企業の誕生や成長を手助けするメンターも少ない。したがって，開業資金が不足した場合，銀行からの借り入れに頼るのが現状である。

　ここに大きな矛盾が生じる。革新的なアイデアや技術，あるいは今まで誰も感知しなかったビジネスチャンスに関して，他者，とりわけ資金の提供者が完全な知識を有していれば，その可能性を正確に計算し，それに見合った投資が実現するだろう。銀行は，収益性の高いビジネスを見出し必要な資金を集めて投資をし，ひいては経済活動全体を活性化させるという社会的役割を担っている。しかし，新たに創出されるビジネスは，前例がないがゆえに革新的である。他者が理解できていない，あるいは感知しづらいがゆえにチャンスが存在する。そのことが，資金を貸し付ける側の金融機関にとっては大きなリスクとなる。リスクが計算できる場合はまだよい。だが，多くの場合それは難しい。そうしたとき，銀行に「目利き」ができる人材がいなければ，あるいは，そのような案件にも投資をしていくという体制が整っていなければ，新事業はその価値を認められず，一顧だにされないこともあるだろう。

　その結果，起業家はしばしば資金制約に直面する。それでも，自己の資産を取り崩したり，身内から個人的な借り入れをしたり，不動産等を担保に入れたりしながら，資金を調達する。それらができなければ，新しいビジネスは日の目を見ないまま捨て置かれていくことになる。

　ケーキ店やパン店であっても，開業資金には数千万円が必要となるようで，簡単に始められるビジネスではない（『製菓・製パン　独立開業のための厨房設備ガイド』）。店構えはとても重要な要素であるから，店舗取得費に加え内装工事費がかさむ。また，厨房に揃えなければならない設備も多い。さらに，陳列棚等も必要になる。[2]

▶◀ 中小企業で働く

　中小零細と呼ばれる企業の労働条件はどうなっているのだろうか。まず，賃金から見てみよう。日本は他の先進諸国と比較して，企業規模間での賃金格差が大きい国だといわれている。1000人以上の従業員を擁する企業の賃金を100とした場合，30人以上100人未満で60，30人未満しか従業員がいないような企業においては50となる。つまり，一般に，本章の映画の舞台となっているような規模の事業所で支払われている賃金は，大企業に比べてかなり低い。[3]

　厚生労働省「平成23年　賃金構造基本統計調査」によると，パティシエを含むパン・洋生菓子製造工の平均給与は，平均年齢39.3歳，勤続年数9.6年で，平均年収299万2700円となっている。また，労働時間は月169時間，超過労働は月23時間である。ただし，自分の店を構えている場合の労働時間はかなり長く，朝早くから深夜まで寝る時間も惜しんで働くともいわれる（大森，2007，49, 75頁）。

　また，福利厚生制度やその他の職場環境に関しても，規模の小さな企業は大企業ほど整っていない。施設には，公共財的な側面がある。たとえば，同じ費用をかけて食堂を設けたとすると，1人当たりに換算した費用は，従業員の多い企業ほど低くなる。数人しか従業員がいない企業が，独自の食堂を整えようとすれば大きな負担になる。制度の整備に関しても，同様の問題が発生する。制度も企業内の社会的資本と考えられる。数人のためであっても，数百人であっても，制度を整えるには同様の手間と費用がかかるとすれば，規模の小さい企業には負担となる。

　このようなハンディを背負いながら，中小企業は経営を続けていかなければならない。本章の2作品で，日々腕を磨き努力を重ねて店の水準を向上させようとする経営者および従業員の生活と仕事を見つめてもらいたい。

- 2　「オーブンは安くても100万円，すべて新品でそろえるとなると厨房機器だけで1000万円前後にも」なる（バウンド，2006）。
- 3　日本とアメリカはこのような規模間賃金格差を示すが，スウェーデンやイギリスには規模間格差がほとんど存在しない。ドイツ，イタリア，フランスは両者の中間に位置する。

COLUMN about movies

料理やスイーツを扱った映画

　その数は多く，日本映画にも，『タンポポ』（1985 年）から，近年の『そらのレストラン』（2018 年）にいたるまで，評価の高い作品も少なくない。映画以外にも，「孤独のグルメ」や「深夜食堂」などのドラマ・シリーズもある。海外においても，『幸せのレシピ』（2007 年），『大統領の料理人』（2012 年），『マダム・マロリーと魔法のスパイス』（2014 年）など，枚挙に暇がない。いずれも，食堂・レストランの経営や，料理をつくるあるいは提供することを通じて交差する人間模様を描いている。おいしいものを求めるという人間に共通する行為を見つめると，人々が理解し合える存在であることを伝えやすいのかもしれない。

　日本の菓子店を舞台に，供されるスイーツの背後には職人のこだわりがあり，そこには人間性が映し出されていることを描いた別の映画としては，『あん』（2015 年）をあげることができる。また，一流の料理人として認められるには，どのような精進が求められるのかを知りたければ，ドキュメンタリー映画『二郎は鮨の夢を見る』（2011 年）がおすすめである。

● **参 考 文 献**

大森森介（2007）『誰も教えてくれない「パン・ケーキ屋」の始め方・儲け方──「おいしさ」と「楽しさ」を追求できる夢のある商売 行列ができる繁盛店の開業・経営ノウハウ』ぱる出版。

片瀬一男（2010）「集団就職者の高度経済成長」『人間情報学研究』第 15 号，11-28 頁。

『製菓・製パン 独立開業のための厨房設備ガイド──オーブン，ミキサー，冷蔵・冷凍設備，ショーケース……機器選びと理想の厨房づくり』柴田書店 MOOK，2013 年。

冨田安信（2002）「中小企業における右腕従業員──そのキャリアと貢献度」三谷直紀・脇坂明編『マイクロビジネスの経済分析──中小企業経営者の実態と雇用創出』東京大学出版会，181-195 頁。

バウンド（2006）『お店やろうよ！5 はじめての「パン＆ケーキ屋さん」オープンBOOK──図解でわかる人気のヒミツ』技術評論社。

職業人生のラストランを飾る

第**8**章

人生 100 年時代の高齢者雇用

・マイ・インターン（2015 年，アメリカ）

 本章の目的

　日本は「超」高齢社会に突入し，年金財政の問題などから，60 代前半だけでなく，65 歳以上，ひいては 70 歳以上の高齢者の雇用が課題となっている。日本政府も，2017 年に「人生 100 年時代構想」を掲げた。今後は，単に雇用の場を提供するだけでなく，より高齢者に見合った働き方が模索されていくことだろう。

　本章の映画『マイ・インターン』は，日本での公開時，同じアン・ハサウェイが主演の『プラダを着た悪魔』（第 2 章参照）の続編のように宣伝された（日本版予告キャッチコピー：「すべての女性に贈る，幸せになる人生のアドバイス」）。しかし，本作はアメリカの高齢者を題材にした物語である。アメリカにおけるオリジナルのキャッチコピーが "Experience never gets old"（経験は決して色あせない）であることからも，この作品の主題をうかがうことができる。本章では，この映画を通して，日本の高齢者雇用の現状と，高年齢者の働き方を考える。

作品紹介

『マイ・インターン』*The Intern*（2015年，アメリカ，ワーナー・ブラザース映画，121分）

『マイ・インターン』デジタル配信中
ブルーレイ¥2,381＋税／DVD¥1,429＋税
ワーナー・ブラザース ホームエンターテイメント
©2015 Warner Bros Entertainment Inc.
All Rights Reserved.

キャスト　アン・ハサウェイ（ジュールズ・オースティン），ロバート・デ・ニーロ（ベン・ウィテカー）ほか

スタッフ　監督・脚本：ナンシー・マイヤーズ
　　　　　字幕：岸田恵子

ものがたり　妻に先立たれ，単身でリタイア生活を送っていた70歳のベン・ウィテカーは，一念発起してアパレルネット通販のベンチャー企業「アバウト・ザ・フィット」のシニア・インターンへ応募し，採用される。ベンはそこで，彼にとっては娘のような世代の女性経営者ジュールズ・オースティンのアシスタントに配属された。

　急成長中のアバウト・ザ・フィットだが，その成長に組織的な体制がついていかず，さまざまな点で不都合が生じ始めている。投資家には外部からCEOを迎えることを勧められているものの，ジュールズは納得していない。彼女はまた，自分のために専業主夫を買って出てくれた夫と幼い娘との3人暮らしで，仕事と家庭の両立にも悩みを抱えていた。

　ベンは古風な紳士気質で，とても同社のような若い企業になじむとは思えなかったが，意外にも早々に周囲の若手と打ち解け，慕われる存在になっていく。シニアらしい気配りで，実際にジュールズの助けになる場面も増え，よき相談相手となる。ジュールズの家族ともすっかり親しくなったが，そのことで彼女の夫の浮気現場を偶然目撃してしまう。

　ジュールズは，家庭のためにも自らの負担を軽くしようと，いったんはCEOを招聘することを決断する。しかしベンは，ジュールズの目標や能力を深く理解し，経営者として最善の選択をするよう助言する。そして彼女の夫も，家庭を立て直しジュールズが経営を続けることを望んだため，彼女は決断をひるがえし，そのことを伝えようとベンのもとへと駆け寄っていく。

図 8-1　年齢階級別人口と高齢化率

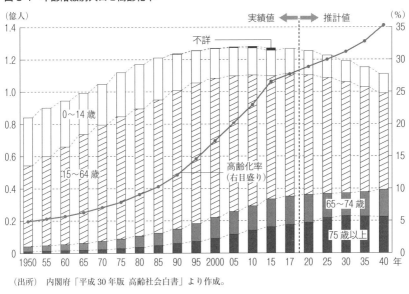

（出所）　内閣府「平成 30 年版 高齢社会白書」より作成。

超高齢社会・日本

　日本社会が少子高齢化していると聞いたことのある読者は多いと思うが，高齢化は，その程度に応じて定義が複数あることを知っているだろうか。まず，高齢人口とは 65 歳以上の人口のことを指し，高齢化率とは全人口に占める高齢人口の割合のことをいう。この高齢化率が，7 ％を超えると「高齢化社会」と定義される。14 ％を超えると「高齢社会」，21 ％を超えると「超高齢社会」と呼ばれている。日本の高齢化率は戦後一貫して上がり続け，2007 年から日本は超高齢社会に突入した。2017 年には 27.7 ％に達し，その水準は世界一である。

　少子高齢化が社会に及ぼす影響はいくつも考えられるが，なかでも大きなものの 1 つに，生産年齢人口が減少していくことがあげられる。生産年齢人口とは，人口のなかで生産活動を担う中核となる層を指し，日本では 15 〜 64 歳がそれにあたると定義されている。しかし，生産年齢人口の定義に含まれていなくとも，65 歳以上の高齢人口のなかで労働に従事する人の比率を高めれば，

超高齢社会にあっても労働力人口を維持することが一定程度可能になる（平野・江夏，2018）。

　人手不足が深刻化している日本の労働市場において（第15章も参照），高齢者の活用にはさまざまな可能性が残されている。また，男性の平均寿命が80.98歳，女性が87.14歳，健康寿命を見ても男性72.14歳，女性74.79歳という日本社会（2016年）にあって，高齢者自身にとっても65歳以降の時間をいかに過ごすかを考えたとき，就労という選択肢が今後ますますクローズアップされていくことは間違いない。

　このように社会全体の視点からとらえると，高齢者雇用の必要性は明らかに高まっている。ただし，そのことと，各職場において高齢化率が高まったときに何が起きるかは，また別問題である。しかし，各職場において高齢労働者がその能力を十分に発揮でき，より若い世代と無理なく共存することができなければ，社会全体が変化していくことは決してない。

　本章で取り上げる『マイ・インターン』は，こうした高齢者雇用のあり方を議論するのに格好の題材である。ちなみに，アメリカの高齢化率は2015年で14.6％と，日本の半分ほどである。高齢化自体も日本よりゆるやかに進行しており，社会全体で見ると，日本の実態のほうが先を行っているといえる。日本は高齢化先進国なのである。日本で生きていく私たちこそ，この映画が問いかけてくる問題をわがこととして深く考えられるはずである。

🎬◀ データから見た日本の高齢者労働市場

　映画の主人公ベンは70歳で高齢者インターンシップを利用し，新しい会社に再就職しているが，日本において今のところこの種の取り組みはあまり多くなさそうである。なお，多くの先進国において，高齢者の収入源として最も大きな要素は年金である。したがって，高齢者雇用は，年金その他の制度・政策と密接に関連している。このことを踏まえて，以下で日本の実態を確認していくこととしよう。

　日本では，定年年齢を60歳と定めている企業が多いが，昨今，定年退職後も再雇用として同じ会社で65歳まで働き続ける労働者が増えてきた。以前は，定年後は働かずに年金受給者として生活するケースが一般的であったが，65

歳以上が全人口の 4 分の 1 を超えるまでに高齢化が進展し，公的年金の支給開
始年齢が引き上げられたことで，企業に対する雇用確保の義務も 65 歳にまで
引き上げられた。[1]

厚生労働省（2018）によると，法に定められた高年齢者雇用確保措置を実施
している企業は 99.8 ％であり，そのうち 79.3 ％が 60 歳の定年制と 65 歳まで
の継続雇用制度を設けている。定年を引き上げた企業は 18.1 ％であり，その
うち 65 歳を定年とする企業は 16.1 ％，66 歳以上を定年とする企業は 2.0 ％で
ある。また，定年制を廃止した企業は 2.6 ％である。65 歳定年は少数派とはい
え，継続雇用制度によって希望者全員が 65 歳まで働けるわけなので，実質的
な定年年齢は 65 歳になったともいえる。

さらに，66 歳以上の希望者全員を対象とした継続雇用制度を導入した企業
が 6.0 ％あり，これに，66 歳以上定年と定年廃止の企業を加えると，希望者全
員が 66 歳以上まで働ける企業は全体の約 1 割にあたる。まだ少数派ではある
が，近い将来，66 歳以上の高齢者の働く場所の確保と働き方の工夫が大きな
課題となるだろう。

こうした企業の対応により，近年では 60 歳以上の就業率は上昇傾向にある
（図 8-2）。2017 年には，60 代前半は 66.2 ％，60 代後半は 44.3 ％となっている。
ただ，70 代前半・後半の就業率は，それぞれ 27.2 ％と 9.0 ％であり，60 代に
比べると格段に低くなる。

しかし，60 歳以上の働いている男女を対象とした調査（内閣府「平成 30 年版
高齢社会白書」）によれば，42.0 ％が働けるうちはいつまでも働きたいと回答し，
37.7 ％が 70 歳もしくはそれ以上働きたいと回答している。両者を合計すると
約 8 割に達し，高齢期にも高い就業意欲を持っていることから，今後は 60 代
だけでなく，70 代の就業率もさらに上昇していくことが予想される。

---

[1] 2013 年 4 月以後，高年齢者雇用安定法の改正によって，① 65 歳以上への定年引き上
げ，②希望者全員を対象とする 65 歳以上の継続雇用制度の導入，③定年の定めの廃止，
のいずれかを導入することが定められた。また 2020 年 3 月には，希望する高齢者が 70
歳まで働けるようにするための改正高年齢者雇用安定法が成立した。

図8-2　60歳以上の就業率

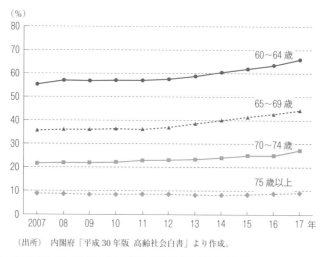

（出所）　内閣府「平成30年版　高齢社会白書」より作成。

 **継続雇用における高齢者の処遇と役割**

　次に，継続雇用における仕事内容や役割が定年前と比べて，どのように変化するのかを見てみよう。

　60〜64歳で現在働いている人を対象にした調査（労働政策研究・研修機構，2015）によると，8割を超える人が職種は変わらないと回答し，仕事内容については3〜4割が変化した（たとえば責任の重さが変わったなど）と回答している。賃金については，80.3％の人が減少したと答えている。そして，その減少幅を見ると，約半数の人が2〜5割の減少を経験している（図8-3）。

　ここまで賃金が下がるのに，なぜそれほど問題が表面化しないのか。そのカギは，高年齢雇用継続給付の制度にある。これは，毎月給料から天引きされる雇用保険料を財源にした制度で，1995年に創設されたものである。この制度によれば，60歳時の賃金が60〜65歳の間に減額されても，継続雇用の賃金が定年前の75％未満の場合には，一部（原則15％）が給付金として支払われるため，企業が60代前半の賃金を低く抑える誘因につながっている。

　このように，継続雇用では，賃金が低く抑えられても生計を維持できる仕組

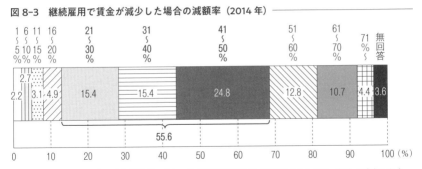

図 8-3　継続雇用で賃金が減少した場合の減額率（2014 年）

（注）　55 歳当時雇用者で定年経験者のうち，定年後再雇用等で雇用継続された際に，賃金が減少した人の回答。
（出所）　労働政策研究・研修機構（2015）より作成。

みはあるものの，このことが職場に好ましくない状況を生じさせてしまう可能性も否定できない。高齢者の立場からすれば，60 歳時とほとんど変わらない仕事をしているのに，企業から支払われている賃金はおよそ半分になる，という不満を抱くのは当然ともいえる。また企業のほうも，高齢者の仕事に見合った賃金を支払おうとすると，給付金がカットされてしまうことには違和感を持っているかもしれない。在職老齢年金[2]とあいまって，賃金は半分になっても手取りが変わらないという異常事態が存在したこともあった。一般には，能力主義的，さらには成果主義的な賃金の決め方が徹底される傾向にあるにもかかわらず，高齢者の処遇だけは別世界のようである。

　こうした制度が，成果は期待せずに雇用の確保さえすればよいという「福祉的雇用」を助長している可能性もある。今後さらに，定年制や継続雇用制度を 70 歳まで働ける形に延長していくのであれば，上述のようなギャップや違和感が増大しないような制度を設計していく必要がある。

　医学的見地からは，加齢で体力が低下するだけでなく，さまざまな病気を有する確率が大きくなることは確かである。しかし，技能すなわち仕事能力は衰えるのであろうか。労働科学によれば，肉体的能力は衰えても，判断力などの，

●2　在職老齢年金は，働きながら老齢厚生年金を受け取る場合に，収入額に応じて年金の一部あるいは全額の支給が停止される制度。

いわゆるホワイトカラーで必要とされる能力は衰えないという。ゆえに仕事と人生経験がいかにうまくマッチするかがポイントになる。

本章の映画の主人公ベンは，電話帳制作会社に40年勤めていた（アメリカにも長期雇用は少なくなかった。第6章参照）。そして，その印刷工場をジュールズのネット通販会社が買い取り，オフィスにしているという設定になっている。このように，技術や市場環境が現役時代から様変わりしてしまっていることは，高齢の労働者にはよくあることであろう。そのことで，ベンのように，元いたところとはまったく異なる業界での再就職を余儀なくされることも十分に考えられる。ベンも，自分が最新のテクノロジーについていっていないことはよくわかっている。しかし彼は，それに怯んで立ち止まるのではなく，自らの仕事経験を前向きにとらえ，シニア・インターンシップへ応募するために収録した自己紹介ビデオで以下のように語る。

　「考えるほどワクワクします。
　　毎日，通う場所ができる。人と接し，刺激を受け，挑戦し，誰かに必要とされたい。
　　技術には疎く，"USB接続"とは何か，9歳の孫に聞きました。これから勉強します。
　　私はずっと会社人間でした。誠実で，危機に強い。
　　ブルックリンに長年住んでいますが，最近おしゃれに変わったので，私も変わりたい。
　　音楽家の引退は，自分の中に音楽が消えた時。私の中にはまだ音楽があります」［🌐 0:05:00］

採用後，インターンシップの担当者がジュールズにベンのことを報告するシーンがある。「彼の紹介ビデオ，泣けたよ」

🎥 高齢者の活用事例

（1）アバウト・ザ・フィット（映画）では……
映画でベンが応募したのは，高齢者を対象にしたシニア・インターンシップ

であった。日本では，まだあまり普及していないが，埼玉県は 2017 年より，
60 歳以上を対象とした県内企業へのシニア・インターンシップを実施してい
る。1〜5 日間の職場体験により，高齢労働者と企業とのマッチングを図る取
り組みである。

　映画では，シニア・インターンシップの期間は 6 週間という設定になってい
る。担当者が，この取り組みは「社会貢献の一環」で，応募者は「引退して，
生き甲斐が欲しいだけ」と話すシーンがある。インターンの配属後，ジュール
ズは自らの直属になったベンとはじめて面談するが，そこでのやりとりにも，
このインターンシップの位置づけがにじみ出ている。

　　ベン：失礼します。新人のベンです。
　　ジュールズ：（シニア・インターンシップは）面白い試みでしょ。
　　ベン：確かに。
　　ジュールズ：さて，ベン。"こんな紳士がなぜ？"と思ったわ。正直に言
　　　ってもいい？
　　ベン：どうぞ。
　　ジュールズ：実は，任せる仕事がないの。社員の手前，1 人を私の直属に
　　　しただけ。あなたはマーケティング部が向いてるかも。仕事も，ゆっく
　　　りめだし……転属させましょうか？
　　ベン：お望みなら。
　　ジュールズ：あなたのためよ，私はキツいし。
　　ベン：みたいですね，でも大丈夫。この業界を知り，力になりたいの
　　　で……
　　ジュールズ：転属は希望しない？
　　ベン：しません。申し訳ない。どうか……
　　ジュールズ：いいわ。じゃ，私の下で [🌐 0:17:40 〜]

　このような扱いなので，はじめのうち，ベンには仕事がない。しかし彼はそ
こで腐ることもなく，ボスであるジュールズに合わせて会社に残り，また大量
の郵便物を 1 人で配布する同僚の手助けをするなど，周りをよく観察し，何ご

とであれ役に立とうとすることで職場に溶け込んでいく。ジュールズがオフィスの中央がガラクタの山になっているのを気にしていると知れば，黙って朝7時に早出し整頓する。それがきっかけでジュールズはベンのことを認め始める。

　そのほか，若い同僚の部屋探しや身だしなみなどについてもアドバイスする。ベンが，カジュアルなベンチャー企業の雰囲気に過度に迎合することなく，伝統的な価値観を大事にしていることが，かえって若い社員たちに頼もしく映るようである。しかし一方で，ジュールズにFacebookの登録を助けてもらうなど，できないことは自分より若い者にも素直に教えてもらう謙虚な姿勢も忘れない。映画には，このようにして，世代を超えて能力を補い合う理想的な関係ができ上がっていく様子が描かれている。

(2)　仏壇仏具販売のやまき

　もう1つ，実際の中小企業の事例として，静岡市の仏壇仏具販売のやまきを見てみよう。同社は，社員数30名ほどの中小企業ではあるが，女性や高齢者の活用に関してさまざまな取り組みを行っており，2016年にはワーク・ライフ・バランス大賞を受賞している。

　具体的には，2013年に定年年齢を65歳に引き上げただけでなく，一定の基準を満たす者に対して70歳までの継続雇用制度を設け，その内容も高齢者にとって柔軟な制度設計になっている。たとえば「高齢者フレキシブル勤務制度」では，週30時間以内の勤務について，体調や顧客の来店状況を自ら判断し，1日当たりの勤務時間を4〜8時間の間で調整できる。また「セカンドライフ勤務制度」では，希望に応じて6〜8月の3カ月だけ勤務する制度（クォーター勤務），繁忙期も含む年間6カ月だけ勤務する制度（ハーフ勤務）を設けている。このような制度をスムーズに運用する基盤として，顧客情報を社員の間で共有できる「顧客情報共有システム」を導入し，不在の社員がいたとしても，顧客ごとに商談内容や次回に行うべきことが記録されているので対応しやすくしてある。

　社員の「多能工化」（多能職化）も進んでいる。もともとは休暇取得促進のた

●3　高齢・障害・求職者雇用支援機構「65歳超雇用推進事例集」（2018年2月）。以下の記述は，この事例集に基づく。

COLUMN about words

「仕事表」による生産性向上と技能の伝承

やまきの「多能工化」は，ジョブ・ローテーションを通して競争力を高める仕組みである。多くの仕事をこなせる社員が多くいることは，さまざまな変化に柔軟に対応できる基盤となる。

生産労働者の多能工化を図っている工場でしばしば見られるのが，「仕事表」（技能マップ）である。仕事表とは，各行に労働者の氏名，各列に仕事（業務）を記載し，それぞれのセルに各自の習熟度をおおむね 4 段階で評価して記入するもので，工場のなかなどに貼り出されていることもよくある（下表）。

仕事表は，欠員時の対応などに役立つのみならず，普段の社員の技能向上意欲にも資する。工場の生産労働者に対してだけでなく，ホワイトカラーの職場でも利用されることがある（脇坂，2018）。たとえば，子どものいる女性が多い職場などでは，多忙時への対応がしやすくなり，社員のワークライフバランスに有益である。

この仕組みを高齢者にも適用すれば（具体的には再雇用者の氏名も一覧に加えればよい），高齢者から次世代への技能・技術の伝承・伝播にも役立つであろう。高齢者の技能を最大限に活かせる仕組みを設計することは，職場全体の生産性を高める可能性にもつながる。

仕事表の例

氏名 ＼ 業務	業務 1	業務 2	業務 3	業務 4	業務 5
A			4	4	2
I	4	4	3	3	
IM	3				
WL	3	3		4	2
SL	2		4	4	
F	2				
T	2		2	3	
K	1				
M	1				
IM					
MG					3

（注）　1：できる，2：1人でできる，3：全体を考えてできる，
　　　　4：人に教えることができる。
（出所）　脇坂（2018）。

め，1人が販売・経理・レジ・商品管理などのさまざまな業務をできるように，多能工化が進められていた。それを高齢社員向けに，墓石設計・販売業務といった時間を要する業務は除外する形で，新たな多能職制度を創設したのである。

　これらの制度のもと，業務がスムーズに回っていくためには，処遇についての不満が少ないことが重要となる。やまきでは，社員の評価を社長が直接行うことでそれに対処している。ここに中小企業ゆえの有利さを見ることができる。

(3) ホ ン ダ

　最後に，大企業の事例として，65歳定年制度を実現したホンダの例を見ておこう。大企業では，60歳定年の後は再雇用というケースが多いなかで，注目される事例である。

　ホンダでは，2017年に，グループ会社の一部を含む正社員約4万4000名を対象として，60〜65歳の間で定年退職時期を選択できる選択定年制を導入した。59歳で定年の時期を決定し，その後，年1回，変更の申告を受け付けている。2017年時点で，65歳定年を選択した者は約6割である。役割・処遇に関しては，59歳時点と同じ職務に就くこととされ，それまで再雇用者には許可されなかった海外出張や出向なども可能となった。賃金水準は，以前は59歳時点の5割だったものが，約8割に引き上げられた。役職者については，新たに60歳の役職定年が導入され，60歳以降は「准役職者」として位置づけられて，部下を持たなくなる。しかし，「現役」として働くことが期待される賃金体系が適用されている。

　このように，大企業で制度変更が行われると，該当者の規模が中小企業と比べて格段に大きくなるため，さまざまなケースに包括的に対応できるような形で新しい制度が考案されることが多く，適用可能性が広くなるだけ社会的にも大きなインパクトをもたらすことがある。ホンダの取り組みに似た制度が，今後，他企業にも取り入れられていくかは未知数であるが，1つ忘れてはならないのは，制度というものは社員の大多数が認知し納得しないと動いていかないということである。そのためホンダでは，人事部の社員が国内・海外の全事業拠点を訪問し，社員への説明会を250回以上開催したという。労働組合も，2013年から3年がかりでこの新しい制度を検討したという経緯もあって，積極的に組合員に働きかけを行った。

　こうした動きを見る限り，大企業でも少なくとも 65 歳までは，定年を延長することができるように見える。今後は 65 歳を超える定年制度を設ける，あるいは定年を廃止する大企業が，どれだけ現れるかが注目される。そのとき，どのようにキャリアが組まれ，仕事の配分がなされているかを詳細に検討することが重要である。

🎥 自分の培った経験を十分に活かすために

　労働力不足に悩みを抱える企業側と働きたいと思う供給側がいるのだから，高齢者雇用の問題は，マッチングさえうまくいけば難しくない課題のように見える。

　しかし，ことはそれほど簡単ではない。なぜなら，今や多くの企業は，業種や規模の大小を問わず，グローバル化のなかで競争にさらされており，そうした環境下で活躍できる人材を求めている。「福祉的雇用」はもはや許されない状況である。本当の意味での「戦力化」された高齢者が求められているのである。

　たしかに一般論としては，戦力化するためには，高齢者のこれまでの経験・技能を活かせばよいといえる。しかし，これを実現するのは容易ではない。高齢者の働きぶりについて，労働組合と企業に対して行ったアンケート調査（戎野，2018）によると，労働組合側の回答では，高齢者の能力を「発揮できていない」「あまり発揮できていない」とする割合が 3 割前後にのぼって，企業側の回答の 2 割前後よりも高くなっており，労働者のほうが現状を問題視している様子がうかがえる。

　こうした問題を回避するためには，高齢者の処遇を改善し，役割を明確にすることである。しかし，職場でこれを実践するためには，きめ細かい制度設計が必要になる。その際に企業側が認識しなければならないのは，高齢者は壮年者以上に多様な制約に直面しているということである。体力的な衰えだけではなく，慢性疾患等を抱えている可能性も高く，また，両親や配偶者に要介護者がいることもめずらしくないからである。

　他方で労働者側も，今後は，自分が培ってきた経験をどのような形で活かして，組織に貢献するのかに関してビジョンを持つことが，いっそう求められる

COLUMN about movies

日本の「定年映画」

　日本映画にも，大手企業を定年退職した男性のセカンドライフを描いた作品があるので，比較のために紹介しよう。

　『終わった人』（2018年）の主人公・田代壮介（舘ひろし）は，東京大学からメガバンクへ就職し，関連会社の専務として定年を迎える。退職後，仕事がないことからくる手持ち無沙汰感や，家族との距離のとり方が難しい様子は，『マイ・インターン』のベンとも共通するところがある。そして，ベンも壮介も，自らの専門ではないIT企業に再就職し，経験（壮介の場合，おもに元銀行員としての財務知識や人脈）を活かすことになる。「私の中にはまだ音楽がある」といったベンと同じように，壮介も「俺はサラリーマンとして成仏していない」といって，IT企業での仕事にのめり込んでいく。

　ただ，『マイ・インターン』は，リタイア生活に倦んだベンがシニア・インターンシップに応募するところから物語がスタートするが，『終わった人』では，壮介が再就職するまでのリタイア生活での迷走ぶりが詳しく描かれている。壮介は，頼まれもしないのに終業後の妻を迎えにいって迷惑がられたり，ハローワークを通じて零細企業の求人に応募し立派すぎる経歴を疎んじられたり，大学院入試を目指してカルチャースクールに通い始めたりする。とりわけ，図書館やジムに行ってみると，周りが高齢者ばかりなのに嫌気が指す描写が強調されている点などは，この両作の背景にある日米の高齢化率や，その社会的な深刻度の差を感じられるところである。

　また，ベンは妻を亡くしているが，壮介の妻・千草（黒木瞳）は美容師として現役，どころか独立して自店舗を構えようとしている。共働き夫婦の退職時期がズレることから生じる家庭内のすれ違いも，『終わった人』のテーマの1つになっている。

　なお壮介は，はじめ顧問に就いたIT企業で社長を引き受けることになるが，結局その会社は倒産してしまい，郷里の岩手に帰って高校時代の同級生が運営するNPO法人に落ち着く。その同級生は，壮介が銀行に勤めていたことを知っていて経理や税務を助けてほしいと声をかけてくるのであり，『終わった人』からもまた，「経験は決して色あせない」というメッセージを読み取ることができよう。

ようになるであろう。映画では，ベンはコミュニケーション不足という職場の
問題を解決すべく，率先して自らが潤滑油となって行動した。そして，仕事や
家庭生活に悩むジュールズに対して聞き役に徹し，とうとう彼女の重要な決断
を後押しする役割まで担うことになった。また，残業してまで Facebook の登
録に取り組む様子などから見て取れたように，つねに学び続けようとする姿勢
もますます重要になるであろう。

　これからの高齢者が，人生のラストランを「福祉的」労働者として迎えるの
ではなく，「戦略的」労働者として飾るためには，企業・労働者双方の成長が
不可欠だといえそうである。

● **参 考 文 献**

戎野淑子（2018）『労使関係と職場の課題──雇用不安の解決に向けた労使の視点』日
　　本生産性本部生産性労働情報センター。

厚生労働省（2018）「平成 30 年『高年齢者の雇用状況』集計結果」。

内閣府（2013）「平成 25 年度 高齢者の地域社会への参加に関する意識調査」。

平野光俊・江夏幾多郎（2018）『人事管理──人と企業，ともに活きるために』有斐閣
　　ストゥディア。

労働政策研究・研修機構（2015）「60 代の雇用・生活調査」JILPT 調査シリーズ No.
　　135。

脇坂明（2018）『女性労働に関する基礎的研究──女性の働き方が示す日本企業の現状
　　と将来』日本評論社。

第 **2** 部
映像に映し出された変動する社会

CONTENTS

産業化「離陸」時の企業現場

第 **9** 章

労働問題の構造

・**あゝ野麦峠**（1979 年，日本）

本章の目的

明治維新後の日本の経済発展を語るとき，製糸業を欠くことはできない。輸出のトップ品目であった生糸は，外貨を稼ぎ，日本経済を牽引した。その工場における女工の姿を描いた『あゝ野麦峠』は，原作と映画がともによく知られている。製糸業の現場は，女子工員がほとんどであった。つまり，日本を近代へと「離陸」させたのは，男性ではなく，女性労働者だったのである。そして，この時期に見られた，労働市場をめぐる当事者の動きや企業における人事労務管理は，100 年以上後の現代にも通じる問題を，早くも提起している。

┃░┃作┃品┃紹┃介┃░┃░┃░┃░┃░┃░┃░┃░┃░┃░┃░┃

『あゝ野麦峠』（1979年，日本，東宝，154分）

　　キャスト　大竹しのぶ（政井みね），原田美枝子（篠田ゆき），地井武男（政井辰次郎），三國連太郎（足立藤吉）ほか

　　スタッフ　監督：山本薩夫

　　　　　　　脚本：服部佳

　　　　　　　原作：山本茂実（『あゝ野麦峠──ある製糸工女哀史』角川文庫）

「あゝ野麦峠【東宝 DVD 名作セレクション】」
DVD 発売中
発売・販売元：東宝
© 新日本映画株式会社（現 株式会社教育産業振興会）1979 TOHO CO., LTD.

　　ものがたり　明治35（1902）年，石造りの壮麗な洋館で日本の生糸生産高世界一を祝う祝賀会が催されているまさにそのとき，飛騨の山中には，粗末な着物姿の工女たちが岡谷の製糸工場へ向かう長い行列があった。はじめて出稼ぎに出る「シンコ」と呼ばれる少女は，わずか12, 3歳。このなかに政井みねもいた。

　　やっとのことでたどり着いた製糸工場で待っていたのは過酷な労働の毎日。蚕の放つ強烈な臭気に慣れ，先輩工女の技術を見て覚え，検番の威圧と暴力に耐えながら，40℃に近い室温の作業場で長時間就業する。折しも生糸相場は活況で増産が目指されるなか，ノルマや品質管理は厳しく，自殺に追い込まれる工女までいた。

　　みねは技能に優れ，やがて報償100円を持ち帰る優等工女「百円工女」になった。製糸工場の間では優秀な工女の奪い合いが激化しており，引き抜きを牽制して自工場での厚遇を生家に示すべく，検番はみねを着飾らせて里帰りさせる。みねは大いに家計を助け，また自身も製糸工場での仕事が気に入っている様子で，次の年も岡谷へと向かっていく。

　　この時期アメリカで1907年恐慌が起こり，生糸相場が暴落，製糸工場は労働強化を余儀なくされる。過酷さを増す工場で体調を崩すみね。結核の兆候が見られたため，別棟の納戸に隔離される。勤務困難になった工女など邪魔といわんばかりに，迎えにきた兄・辰次郎は十円札1枚でみねを引き取らせる。郷里への道中，兄の背負子に座って野麦峠から飛騨を眺めながら，みねは絶命する。訃報を耳にした工女たちは，就業中にもかかわらず工場を走り出で，みねの病床に手を合わせた。しかしその翌年，アメリカの景気回復にともない生糸市場は活況を取り戻し，日本の製糸業界は生糸輸出高世界一に向かって突き進んでいくのであった。

図 9-1　生糸生産量と輸出量の変化（5 年ごとの推移）

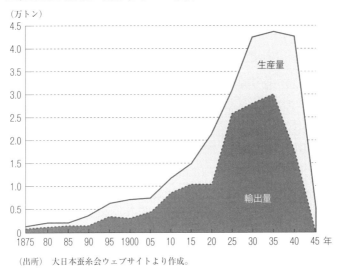

(出所)　大日本蚕糸会ウェブサイトより作成。

▶️ 「人手不足」だった製糸業

　近代化する日本経済を牽引した製糸業は，原料も技術もすべてを国内で自給できる「外貨効率 100 ％」の産業であり，1930 年代に昭和恐慌によって壊滅するまでは，戦前日本の輸出において圧倒的な主力を形成した。日本の輸出総額に占める生糸関連製品（生糸，絹織物，蚕種）の割合は，たとえば 1868 年には 66.3 ％もの高水準を示し，1896 年に至っても 37.4 ％にのぼっていた。しかもこの間，金額ベースでの輸出（蚕糸類）は 5 倍に増大している。このように旺盛な需要に応えて国内生産は急拡大し（図 9-1），1905 年にイタリアの生産量を，1909 年には中国の輸出量を抜いて，日本の製糸業は世界第 1 位となったが（武田, 2019），その発展は製糸工場で働く工女（女工：女性糸繰り作業者）たちに支えられたものであった。映画では，明暗を出すために鹿鳴館文化と製糸工場の現場を対比させている。

　急速に発展する産業のつねとして，成長期の製糸業界では激烈な企業間競争が繰り広げられた。そして，その生産はきわめて労働集約的な形態で営まれていたことから，必要な数の労働者をいかに確保するかは，各企業にとって最優

先ともいえる課題だった。これを，いわゆる「人手不足」という言葉で表現すれば，現代にも相通じるような状況にあったことがわかる。

　「人手不足」のもとでは，よく「売り手市場」になるといわれる（第1章参照）。つまり，労働市場で需要が高まると，一般に，労働を供給する側（すなわち労働者）は立場がやや有利になるということである。ところが，現代においても，「ブラック企業」などという用語で労働者側がきわめて不利な立場に追い込まれていることが告発されるケースは決して少なくない。同様に，成長期の製糸業に従事した女工たちの姿は，細井和喜蔵『女工哀史』（1925 年）で取り上げられたように，「過酷」の代名詞のように語られる。本章の映画『あゝ野麦峠』も，そのイメージに多くを負っている。

　繊維産業に関しては，戦前期日本のリーディング産業であったこともあって多くの研究蓄積がある。その労働者たちについても，上述のような事態が生じたのはなぜだったのか，あるいは，『女工哀史』が描いた労働者像をどうとらえるべきかなどといったことも含めて，さまざまな問題意識から研究が積み重ねられてきている。したがって，それらの研究のなかに，現代的な労働問題のヒントを探すことは可能であろうが，膨大な先行研究を概観したうえでこの映画に適切な評価を与えようとすることは，本章の目的を超えてしまう。しかし，せめてここまで述べてきたような事実を踏まえて，映画の場面を振り返ってみることとしたい。

📽◀ 工女の採用

　映画の舞台となった信州・諏訪湖畔の平野村（現，長野県岡谷市）には，器械製糸の工場が林立していた。1879 年当時，平野村は器械製糸による生糸生産額の全国シェア 16 ％を占めている。ここで働くことになる主人公みねの実家は，岐阜・飛騨で林業を営んでいる。こうした村で，当時 4 年の義務教育期間を過ぎた少女たちが，工女として採用されたのである。彼女たちは毎年 2 月半ばの冬に日本アルプスを越えて出稼ぎにいった（図9-2）。彼女たちは貴重な働き手となる「素材」であったため，スカウト（検番と呼ばれた）は，親に前渡金（手金）5 円を支払うなど，あの手この手の手法で採用活動を行った。

　映画に，みねと家族の前で検番が契約書を読み上げるシーンがある。その文

図 9-2　工女たちの道のり

(注)　映画には，工女たちの行程が以下のように示されている。
　　　寺津 → 山田 → 古川町 → 高山 → 美女峠（オッカ茶屋）→ 見座 → 万石 → 寺附 → 中之
　　　宿（高根村）→ 上ヶ洞 → 阿多野郷 → 寺坂峠 → 野麦 → 野麦峠（お助け茶屋）→ 寄合渡 →
　　　奈川渡（奈川村）→ 島々 → 波多村 → 塩尻 → 塩尻峠 → 岡谷。
(出所)　地理院タイル（白地図）をもとに作成。

言を見てみよう。

　　製糸工女約定証
　　　岐阜県吉城郡河合村大字角川 601 番地の 2
　　　工女・政井みね，明治 22 年 9 月 15 日生まれ
　　　右の者，今般，貴社製糸工場へ工女として被傭つかまつる候については，
　左の各項を合意，契約つかまつり候。
　　　一，政井みねをして明治 36 年 3 月 1 日より向こう 5 年間，山安足立組
　製糸工場において製糸工女として就業せしむる事。右手付金として，金 5
　円也を支払い，本日まさにこれを受け取りたり。
　　　一，本契約期間中は，政井みねは決して他の製糸工場に就業せしめざる
　は勿論，その他の業にも従事せしめざる事。
　　　（略）
　　　一，右約定に反したるときは，署名者一同貴社に対し連帯責任をもって
　手付金を弁済するは勿論，違約金として金 50 円也を直ちに支払う事。

（略）

　その他キカヤへご迷惑相掛け候節は，何時なりとも請求次第に早速弁償，違約金を支払い申し候事に，些かも異議申すまじく候事を制約つかまつり候。

　明治35年11月（以下略）［🌓 0:17:00〜］

　なぜ親たちは娘を出稼ぎに出したのだろうか。もちろんそれは生活のためである。明治中ごろまでの「口減らし」（経済的な理由から子どもを奉公に出したり養子にやったりすること）[1]が，「糸引き稼ぎ」（製糸工場への出稼ぎ）へと移り，「キカヤ（製糸工場）からもらった娘の金で年が越せる」といわれた。借金の返済にもあてられた。このように，工女たちが貧しい地域から職がある地域へと移動していたことが，以下に述べるような「人手不足」下でも彼女たちに過酷な条件での労働を強いることができた一因となっていたとも考えられる。

　映画は1909年のみねの死で終わるが，その後も「異常な製糸業の発達」は続き（前掲，図9-1参照），募集・採用は全国に広域化した。岡谷における労働需給関係を1925年の職工の出身地で見てみよう。職工3万5167名のうち，地元・長野県の出身者は2万1281名で約6割だが，逆にいえば，4割が他府県の出身である。他府県で圧倒的に多いのは山梨6393名，新潟5025名など隣接県であったとはいえ，広域に対して職工の募集をかけなければならないほど，生産量は急上昇していた。なお，全体のうち女工は3万1284名で，89％を占めていた。

　実際，募集は困難だったようで，当時の県組織がその原因を分析した文書が残っている（長野県工場課，1926）[2]。まず指摘されているのが，製糸業における職工は，「デリケート」な指先の労働を必要とし，「世の婦人労働が不熟練労働に適当する点」[3]と異なって，熟練労働を要するという点である。

---

[1]　NHKの連続テレビ小説（朝ドラ）のなかでもとりわけ有名な「おしん」は，山形の農家の口減らしのために，娘たちが奉公に出るところから始まっている。

[2]　本項以下の引用は，いずれも同文書を参照。

[3]　熟練労働とは，その作業技術を習得するのにより高い訓練費用を必要とする労働であり，一方で不熟練労働とは，訓練費用をあまり必要としない単純労働を指す。

　加えて，原因としてあげられているのは，「年若い婦女子にして労働従事期間が短い」点にあり，「大方が未婚にして労働によって得る報酬賃金が自己が戸主としての生計維持に充つる主たる収入にあらざること，即ちいわゆる短期の出稼職工にして勤続年数短く耐久性が欠けている」ことである。これは一般的な繊維産業の特徴でなく，染織業やほかの業種と比較しての「特異性」だとされている。

　この2つの原因以外に，「供給を制限される原因として，製糸業の労働時間の長いこと，作業の監督は極端に厳格なこと，工場に於ける福利施設が幼稚なことあるいは風紀の悪い風評」など「農村の子女に自由を束縛さるる感や自尊心を損なうが如き気分を与えた」ことがあるのではないか，と長野県工場課は分析している。

　また，当時の製糸業には冬期に休業するという近世期からの習慣が残っており，「毎年末休業閉場と同時に一斉に職工を解雇する」ことになっていた。数万の女工を，それぞれ故郷へ引率する検番は，「あらためて募集従事者として訪問」する。こうしたなかで，とくに技能の高い工女は奪い合いになった。映画にも，工場から派遣された検番が，女工を引き抜かれないように，みねを着飾らせて里帰りさせるシーンがあるが，そのようにして工女の実家に厚待遇ぶりをアピールすることで，翌年も自らのところへ娘を出稼ぎに出す誘因を与えたのである。[4]

　しかし，好調な製糸業では企業間の競争がますます激しくなり，優等工女の引き抜きも激化した。長野県工場課（1926）には，以下のような記述が見られる。

　（製糸）事業の跳躍的革命的進歩は，いよいよ需要方面を不利ならしめ（略）必然的に資力ある工場が交通不便な諏訪より出て金と智と全てをあげて苦心して募集して来た工女を争奪し合う結果となっていた

●4　この当時の製糸業における職業紹介について，引き抜き防止協定を含めて詳しく扱っている文献に，神林（2017）がある。

そこで，女工の引き抜きを防止するために，19世紀終わりごろから長野県の製糸業経営者団体（岡谷製糸同盟）によって「女工登録制度」が設けられ，その後各地に普及した。女工登録制度とは，すべての女工が制度に登録し，1年契約によって雇用されることを前提に設計されたもので，ある雇用主のもとで5日間以上働いた女工は，その最初の雇用主が特別に承諾しない限り，他の雇用主と新たな年契約を結べないことになっていた（ハンター，2008）。この制度には引き抜きだけでなく，女工の逃亡を防止する狙いもあった。しかしながら，女工たちの労働移動を制限したこの登録制度は，「ひとたび工場に入ると，たとえ労働条件その他に不満を感じて泣く泣く契約期間満了を待ちて他の工場と契約せんとするももはやそれはゆるされぬ悲哀」をもたらした。登録制度は，後に「識者の憂うるところとなり」，廃止となるにいたった。

集団的な労働移動

以上で述べたような，岡谷を代表とする製糸工場における募集・採用が引き起こした集団的な労働移動という現象は，戦後，とりわけ1960年代の高度経済成長期にも見ることができる。ただし，高度成長期に起こったのは，特定の業種というよりも製造業を中心としたさまざまな工場や職場への移動であり，また，出稼ぎよりも移動先に定住する移住の側面が大きかった点が，本章の時代とは相違している。しかし，高度成長期にも，中学・高校の教師や地元の職業安定所（現在のハローワーク）の職員が仲介役となり，前出の検番と同じようなマッチングの役割を果たしていた。この現象が「集団」就職と呼ばれていることからもわかる通り，そうした仲介役によって，東北地区の中高生は京浜へ，九州・四国は阪神および中京地区の工場へといった形で（脇坂，2004），日本国内で大きな人口移動が加速した（第7章参照）。

それに比べると，現代では，大卒でなくとも集団ベースの採用はほとんどなくなった。また，多数になった大卒・院卒は，各個人が「リクナビ」などの求人情報サイトを利用して，自ら企業を訪問し，就職を目指す。いわゆる「就活」の誕生である（第1章参照）。

この時期から，いわゆる人材ビジネスが，職業紹介の分野で大きな影響力を持つようになる。ところが，これらは多くが採用・就職の場面に特化した民間

ビジネスであったため，採用者の定着は，採用した企業が課題として背負う形になっている。一方，ここでは詳しく述べる紙幅がないが当時の資料を見ると，明治期の検番や高度成長期の学校が，よかれあしかれ，採用だけでなく，その後の定着まで見据えた紹介を行っていた様子を見て取ることができる。

技能の評価と処遇

　当時の製糸業の職工の報酬制度の基本は，一定の人件費を生産高に応じて分配するもので，賃金には大胆な差がつけられていた。基本給と成果給に分かれ，後者のウェイトが大きかったのである。この報酬制度は，「等級賃金（賃銀）制度」と呼ばれ，ある意味きわめて精緻かつ巧妙な体系になっている。この体系のもと，雇用主たちは，効率性と生産性を極限まで追求しようとした。たとえば，不良品を出すと罰金を科される制度があり，工女たちはつねに強い緊張と職場内での競争にさらされていた。映画にも，罰金が多く，（それだけが原因でないように描かれてはいるが）自殺を選ぶ女工が登場する。映画には，罰金制度について工女たちが話し合う様子も描かれている。

　　久保えい：罰金制度が厳しすぎると思わんけ，みんな！

　　　（略）

　　　おれの姉やがな，先に甲府の雨宮製糸っちゅうキカヤで働いていたんだけんど，給金を10銭も下げるっていわれてな，大騒ぎになったことがあるんだと。

　　　そんときに，寄合開いて知恵を絞った挙げ句，工女全員が旦那さんにお願いにいったんだけんど，一発で追っ払われちゃってな。

　　　（略）

　　　ところがだ，またみんなで相談して，次の日サイレンが鳴っても，誰も糸取りを始めなかったんだと。

　　　（略）

　　　1日休まれても，キカヤは大損ずら。とうとう旦那と工女たちの話し合いで，給金もとに戻すことになったさ。

　　　（略）

図 9-3　女工の年収と勤続年数

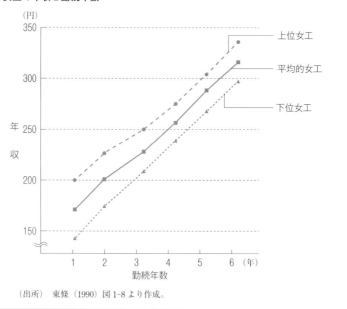

(出所)　東條（1990）図 1-8 より作成。

　　　明治 19 年 6 月に，本当にあったことだから。

　　　（略）

　　みね：旦那さんに，頼みにいってみようか［🌐 0:51:50 ～ ］

　　ここで述べられているような工女たちの抵抗（ストライキ）については，次項でも議論する。

　　時代は下るが，岡谷で最も大きい企業であった郡是製絲（現，グンゼ）の 1935 年における女工の賃金を分析した研究によると，女工の賃金は，勤続年数によって決まる原給（基本給）と奨励加給（インセンティブ）とで構成されていた（東條, 1990）。そして興味深いことに，勤続年数別賃金を見ると，勤続年数にしたがって上昇する程度が大きく，一定の勤続年数の女工同士を比べたときの最高と最低の差を上回っていた（図9-3）。ゆえに勤続 6 年までだが，賃金カーブは，いわゆる「年功」カーブになっている。激しい競争のもとにある企業が，成果に応じた大胆な賃金差を設けていたにもかかわらず，結果としては

勤続にともなって上がっていく技能（能力）に応じて賃金も上がっていたのである。ただし，データには途中で辞めた女工が含まれていないため，成績が相対的に悪いといっても，続けて働いている女工であれば，それなりに技能向上が見られるという結果を反映しているとも考えられる。

■◀ 過重労働と労働争議

　この映画には原作があるが（山本，1968），映画化にあたっての脚色の方向性から，両者には若干差異が生じている。映画では，岡谷（諏訪）の製糸企業が工女を悪辣に「搾取」する面が強調されている。一方，原作は，多くの工女本人への聞き取りにおいて，当時を懐かしがる者が多かったためか，より客観的な筆致になっている。

　とはいえ，いずれにも，時計を操作して終業時刻を遅らすなどといった，現代流にいえば「ブラック企業」の側面が随所に見られる。私生活も，寄宿舎生活ゆえに管理され自由のない様子が描かれている。ただ，次に見るように，現代ではとうてい想像もできないほどの長時間労働なので，そもそも私生活自体がなきに等しいものであったろう。

　当時の労働時間を調査した平井（2014）によれば，1 日 12 時間労働の工場が最も多く，14 時間以上の工場も相当数にのぼった（図9-4）。具体的な時間配分を表9-1で見てみよう。これは，平野村某製糸場における1900年6月後半の，ある日の就業状況である。1 日の労働時間が 12〜14 時間にものぼっていたことがわかる。

　次に，食事に関してだが，朝は菜漬・若布味噌汁，昼は筍・切昆布，夜は筍・切昆布だけである（農商務省「職工事情」による。「乙工場」1900年5月1日）。現代と比べるとおかずは少なく，食事時間も 15 分しかとられていなかった。しかし，実家では食べることのできない白飯を 3 食食べられたと資料には記されている。とはいえ，拘束時間が長く厳しい労働に耐える肉体を維持するには，栄養が不十分だった可能性は否めない。

　映画では，終盤，職場で人望のあったみねが病気で工場を去るのを見送りたいという女工たちの要望が管理者に拒否される。しかし，その後みねが死んだとの知らせを受けると，さすがにたまりかねて彼女たちは工場を飛び出してい

図 9-4　長野県の製糸工場の労働時間別工場数の割合

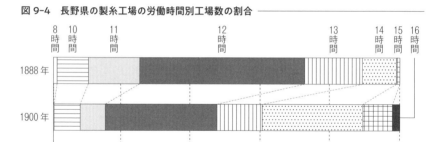

（出所）　平井（2014）より作成。

表 9-1　製糸場の就業状況

4:05	起床（警醒）	15:30	小　　憩
4:30〜	就　業	15:40〜	就　業
6:00	朝　食	19:10	終業予報
6:15〜	就　業	19:30	終　業
10:30	昼　食	〜21:00	入　浴
10:45〜	就　業		

（出所）　農商務省「職工事情」をもとに作成。

く。みねの死は 1909 年のできごとである。原作には，舞台となった山一林組の職工が，1927 年に嘆願書を提出したことと，その後の経緯が記されている。全日本製糸労働組合諏訪第十五支部の男工 5 名が中心となり，女工 1300 名が立ち上がって争議になったが，惨敗に終わった。

　劣悪な労働条件に対する抵抗の嚆矢となったのは，前項で紹介したように映画のなかでも触れられている，1886 年の雨宮製糸における同盟罷業（ストライキ）である。日本で最初といわれているストライキで，過酷な取り締まりや遅刻早退者に対する大幅な賃金切り下げへの反対，および賃金引き上げの要求を，女工が掲げた大争議であった。これが引き金となって同様の動きは各地に飛び火したが，いずれも組織化されたものではなく，農民一揆的な初期の労働運動であった。

　それらに比べると，山一林組における 1927 年の大争議は本格的なもので，

争議そのものは失敗に終わったが，製糸業者の労働問題に関する意識の変革を
もたらし，女工の労働条件の改善につながっていった。

労働問題の構造を考える

　先述のように，製糸業は決して不熟練労働でなく，熟練が必要とされるもの
である。育成された女工が次々と栄養不足で辞めてしまえば，そのたびに新た
な募集・採用および訓練の費用が必要となるため，余計なコストがかかる。と
くに，この業界では，前渡金（手金）の支払いなど，募集・採用に多額の費用
をかけていたわけである。

　この映画のストーリーが 1909 年で終わっていることに，改めて注意を払い
たい。製糸業は，その後も輸出品の主力として 1930 年前後まで高い地位を保
ち続けるが，その間，製糸業者およびその労働者たちがこの映画が描いたよう
な姿のままにとどまっていたわけではもちろんない。さまざまな変化が起こっ
た。上述のストライキなどに見られるような労働者の側からの動きもあったし，
経営の側も罰金制度を廃止するなどしている。つまり，企業がいつまでも映画
で描かれていたような女工を「使い捨て」にする経営をしていたとは考えられ
ない。実際，岡谷には企業（業界）経営の病院もあったようである。「使い捨
て」を続ける人事労務管理のやり方は，「経済合理的」とはいえなかったので
あろう。

　ちなみに富岡製糸場（COLUMN 参照）では，勤務時間は 1 日 7 時間 45 分と，
現代から見ても近代的な人事労務管理が実施されていた。これは，当時のヨー
ロッパの工場と比べても，短い労働時間である。そのような模範工場も，完全
民営化されると長時間労働になったが，労働組合のストライキなどによる要求
を経て，ふたたび労働時間は短くなっていった。これは，コンビニエンス・ス
トアや IT 企業などといった現代の新興産業にも通じる問題であろう。ただし，
それらの企業現場においても，いずれは労働組合ができ，労働条件が改善され
ていく，と展望するのは，残念ながらあまりに楽観的すぎるといわざるをえな
い。

　とはいえ，「等級賃金制度」や「女工登録制度」がどういった意図で導入さ
れたかを考えるとわかるように，その是非はともかく，当時の労務管理にも現

COLUMN about words

富岡製糸場

　製糸業のスタートは長野ではなく，群馬県富岡の地に1872年に創設された官営模範製糸場である。2014年に世界遺産として認定され，現在も主要な建物は保存されている。当時最新鋭の器械製糸技術をフランスから移入した工場であった。

　作業にあたったのは，もちろん女工であるが，各地から集めた没落武士の娘が伝習工女として雇われていた。とはいえ，はじめは通常の募集をしたところ，「異人が工女の生き血を絞って飲む」との悪評が立ち，応募者が現れなかった。すると，初代製糸場長・尾高惇忠の娘・勇が，工女集めに苦労する父を見て，自ら志願して第1号の伝習工女となった。その後は，各府県に人数を割り当てて募集し，多くの工女を集めた。将来的には彼女たちが地元の製糸工場の指導者として器械製糸を普及させる狙いがあったのである。

　富岡製糸場は，1893年に三井家へ払い下げられ，以降は民間企業として市場競争に巻き込まれていった。そのことで労働時間も延びたという。その後1939年に片倉工業へ経営が委任されて片倉富岡製糸所となり，戦後も1987年まで操業した。

富岡製糸場の内部

（提供）　イマジンネット画廊所蔵／
共同通信イメージズ。

代の目から見て「経済合理的」な意味合いを見出すことはできる。映画で描かれている過酷な労働環境が，事実の一面をとらえたものであることは間違いない。だからといって，その表面的な悲劇性に没入するのではなく，原作や他の文献も見ながら当時の労働環境や当事者たちの行動のロジックを考察してみると，かえって現代との共通性が見出されることがある。そうすると遠い昔の社会問題が，自分たちの課題を考えることにつながっていくのである。

● 参考文献

石井寛治（1972）『日本蚕糸業史分析――日本産業革命研究序論』東京大学出版会。

今井幹夫編著（2014）『富岡製糸場と絹産業遺産群』ベスト新書。

神林龍（2017）『正規の世界・非正規の世界――現代日本労働経済学の基本問題』慶應義塾大学出版会。

武田晴人（2019）『日本経済史』有斐閣。

東條由紀彦（1990）『製糸同盟の女工登録制度――日本近代の変容と女工の「人格」』東京大学出版会。

長野県工場課（1926）「職工登録制度の話」労働福利資料第3号。（間宏監修・解説『日本労務管理史資料集 第3期第4巻 女工登録制度と女工供給（保護）組合』五山堂書店，1993年，所収）

ハンター，ジャネット／阿部武司・谷本雅之監訳（2008）『日本の工業化と女性労働――戦前期の繊維産業』有斐閣。

平井郁子（2014）「繊維産業を支えた工女の役割と労働意識――製糸業を中心として」『大妻女子大学家政系研究紀要』第50号，81-86頁。

山本茂実（1968）『あゝ野麦峠――ある製糸工女哀史』朝日新聞社。（角川文庫，1977年）

脇坂明（2004）「新規学卒者の労働市場――兵庫県の調査からみた労働移動」玉井金五・久本憲夫編著『高度成長のなかの社会政策――日本における労働家族システムの誕生』ミネルヴァ書房，63-85頁。

企業は誰のものなのか

第 **10** 章

企業とステークホルダー

・**プリティ・ウーマン**（1990 年，アメリカ）
・**遙かなる走路**（1980 年，日本）

本章の目的

　ここでは，会社は誰のものであるかという問題を議論したい。取り上げる映画は
『プリティ・ウーマン』と『遙かなる走路』である。前者は実業家と娼婦の間の恋物語
であり，本章のテーマとは関係がないように思えるが，じつは，会社は株主のものであ
るという意見と会社はそこで働く従業員を含めた利害関係者のものであるという意見の
差が，作品の背景になっている。後者は，トヨタが自動車製造企業へと変貌していく過
程を映画にしたものであるが，このなかにも金融の役割や会社と従業員の関係が随所に
描かれている。

┃作┃品┃紹┃介┃　┃　┃　┃　┃　┃　┃　┃　┃　┃　┃　┃　┃　┃　┃　┃

『プリティ・ウーマン』*Pretty Woman*（1990年，アメ
リカ，タッチストーン映画 = ワーナー・ブラザース映画，
119分）

　　キャスト　リチャード・ギア（エドワード・ルイス），
　　　　　　　ジュリア・ロバーツ（ビビアン・ウォー
　　　　　　　ド），ラルフ・ベラミー（ジェームズ・モ
　　　　　　　ース）ほか

　　スタッフ　監督：ゲイリー・マーシャル
　　　　　　　脚本：J. F. ロートン
　　　　　　　字幕：古田由紀子

写真協力：公益財団法人川喜多記念映画文化財団

ものがたり　若いやり手の実業家とコールガールの関

　　係が恋愛に変わっていく物語。時代背景や設定は異なるが，かの有名な『マイ・フ
　　ェア・レディ』[1]を思い出させるシンデレラ・ストーリーである。

　　　主人公のエドワード・ルイスは，企業を買収して切り売りするのが仕事の投資家
　　で，冷徹に利益を上げることをつねに念頭に置いて生活している。ある日，彼は街
　　でコールガールのビビアン・ウォードを拾い，最初は1日300ドル，その後6日
　　間3000ドルのビジネス契約を結ぶ。その間，パートナーとしてビジネスや社交の
　　場にも連れて歩いたりしているうちに，ビビアンの魅力に気づき始める。2人は
　　徐々に惹かれ合っていったものの，ビジネスの関係を崩そうとはしない。契約期間
　　の満了とともに，その関係は終わりを迎えるかに見えた。しかし，エドワードがと
　　うとうビビアンに愛を打ち明けてハッピーエンドになる。

　　　ビビアンとの関係が契約から恋愛に変わっていく過程で，エドワードの仕事に関
　　する考え方にも変化が生じる。当初，敵対的に買収しようとしていた造船会社に対
　　しても，最終的には従業員の雇用を守り企業の存続を考えた経営援助の申し出をす
　　る。機能と契約という視点で人との関係を測り冷徹に利益を追求する姿勢から，人
　　と人との関係やそれぞれの人が持つ背景まで配慮するように変わっていく。

　　　資本・資産利益率や株価の上昇が重視され，合併・買収（M&A：merger and

───────────────

　●1　1964年のアメリカ映画（ワーナー・ブラザーズ）。オードリー・ヘプバーン主演，ジ
　　　ョージ・キューカー監督のミュージカル作品。アカデミー作品賞をはじめとする，同賞
　　　の主要8部門を受賞している。

acquisition）が，さかんに行われた当時のアメリカ経済を背景としている。エドワードの興味が，短期的利益の追求から，さまざまなステークホルダーに配慮した長期的な企業経営へと移っていく変化が，ビビアンとの関係と並行して進んでいく。資本の論理が吹き荒れている時期のアメリカに，このような映画がつくられヒットしたという事実は興味深い。

『**遙かなる走路**』（1980 年，日本，松竹，134 分）

キャスト　市川染五郎（豊田喜一郎），米倉斉加年（豊田利三郎），田村高廣（豊田佐吉）ほか

スタッフ　監督：佐藤純彌

脚本：新藤兼人

原作：木本正次（『豊田喜一郎──夜明けへの挑戦』学陽書房）

ものがたり　豊田佐吉から始まり，その子である豊田喜一郎が自動車生産に興味を持ち，現在のトヨタにいたる基礎をつくり上げる歴史を描く。会社の発展に必要なものは，優秀な経営者，技術者や技能を持った従業員，他社が持っていない技術力，さらに，資金である。映画は，経営者の人生に焦点を当てるが，折々に技術者や従業員の意欲と能力が映し出される。経営者が感知したビジネスチャンスを実現すべく，そのための資金をめぐって自己資金の提供者や銀行との関係が交錯する。

会社の所有者

　会社は誰のものかという問いへの答えは，単純ではない。法律的には株主のものとなる。株主が自分のお金を出し合うことで会社をつくっているからである。株主は，会社が上げた利益を配当という形で手にすることができる一方で，損失が出れば出資からの見返りを得ることはできない。最悪の場合は出資したお金をすべて失ってしまうこともある。このように，株主はリスクを担うことから，会社の経営に口を出すことができる。とくに株主総会では，会社の経営に関して最も責任と権限がある取締役を選ぶことができる。

　しかし，会社が利益を出せる条件を考えると，単純に会社が株主のものであるとはいいきれなくなる。図 10-1 に示したように，企業の周りにはさまざまな利害関係者が存在する。会社は資本だけで活動を行っているわけではない。働く人がいてこそ会社が成り立っていることを考えると，資本の利益だけをとらえて経営していればよいわけではないことがわかる。まず，十分な数の従業

図 10-1　企業を取り巻く利害関係者

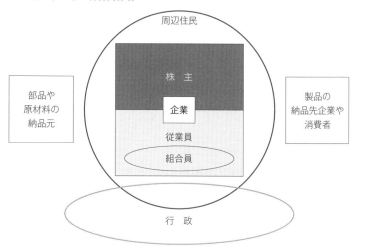

員を確保しなければならない。労働条件が悪ければ，いくら募集しても必要な数を採用できない。また，幸いにして採用できても，他社に比べて賃金その他の労働条件が劣ったままだと，労働者を引きとめておくことはできない。とりわけ優秀な人材は，よい雇用機会を求めて他社に移っていくであろう。

　また，会社が提供する財やサービスの購入者，すなわち顧客も，会社の存続や発展に欠かせない存在である。その会社が部品をつくっているのであれば，その部品の納入先は重要な取引関係者であり，彼らの要望を満たすよう，つねに製品の納期や質・量の確保に努めなければならない。反対に，納品先の立場に立つと，部品会社が必要な量の製品を望ましい品質で納めてくれなければ，たちまち活動が成り立たなくなってしまう。双方は双方にとって重要な取引相手なのである。

　顧客は企業とは限らない。一般の消費者も利害関係者になることが往々にしてある。たとえば，病気のため特定の薬を服用しているような場合，製造元の企業が生産をやめてしまえば，たちまちにして患者は困ることになる。一方，製薬会社が患者にとって有効な薬を開発・製造できなければ，薬が売れることはない。一般の家庭にある多くの製品についても同様のことがいえる。プリンタが壊れたときに部品の供給が止まっていれば困るし，インクの製造が終了し

てしまえばそのプリンタは使えなくなる。一方，消費者の要望を的確にとらえていなければ，プリンタは買ってもらえない。

　さらに，地域住民も企業と利害関係がある。大きな企業の存在によって，周辺地域の雇用が確保されるというだけではない。会社は「法人住民税」と「法人事業税」を地方自治体に払うことになるため，財政にも貢献する。大きな工場が地域に建てられると，それに合わせて部品を納品する関連会社が近隣に移ってくることがある。あるいは，その地域の部品企業が新たに受注を獲得することもあるだろう。さらに，従業員やその家族が，日々の生活や通勤の途中で地域にお金を落とし，間接的にも地域経済を潤す。大きな工場の存在に地域が支えられていることはめずらしくない。

　このように，株主以外にも会社と利害関係にある主体は多く存在し，彼らを利害関係者（ステークホルダー）という。なかでも従業員は，会社に雇用され給与を受け取っていることから，会社の経営状態に強く影響を受ける。昇給の有無，雇用の安定，キャリアの展望などといった生活の基盤のみならず，役割の承認や，ひいては生き方まで，仕事を通じて会社と深くかかわっている。一方，会社も事業を推進するには，従業員の能力と高い貢献を必要とすることから，ある程度は彼らの要望を満たすように心がけざるをえない。資本あるいはその所有者である株主と対比されて，会社と従業員の関係が問題となるゆえんである。

▶️🎬 企業経営と借り入れ

　企業経営は，従業員による労働力の投入のみで成り立っているわけではない。当然のことであるが，生産には土地・設備・技術等が必要である。『プリティ・ウーマン』でエドワードが買収しようとしている企業は造船所で，その広大な土地と数多くの工場らしい建物が映される場面がある。これだけの規模にまで会社を育てるには，さぞ長期にわたる経営努力と多くの資金が投入されてきたであろうことは想像に難くない。

　事業を拡大するには，求められる能力を有した労働者を必要な数だけ確保するのでは不十分で，投資のための資金が不可欠である。大企業のなかには潤沢な内部留保で次の事業を拡大できるところもあろうが，多くの場合は外部の資

金に頼ることになる。おもな手段は2つである。1つは，銀行から資金を借り入れる間接金融である。もう1つは，株式発行等で資金を集める直接金融である。

　いずれにしても他者の資金に頼ることになるため，それぞれにリスクがともなう。銀行借り入れの場合は，返済が滞ると会社そのものを失うことになる。企業の経営が悪化すると，多くの場合は，まず経営陣が交代し，事業の建て直しが図られる。経理に関する数字を健全化する必要があり経営路線の変更が求められる際には，社長や経営の重要なポストに，借り入れを行っている銀行から人材を迎え入れることもある。資本と経営の間には強い関係があり，簡単には切り離せない。

　株式を発行し直接金融に頼る場合は，借り入れをするのと比べれば，まったくの他人に経営権を譲るという事態は生じにくいかもしれない。しかし，株主は，保有する株式の割合に応じて経営にかかわる権利を持つ。もし特定の株主がある企業が発行した株式のかなりの割合を専有しているような場合には，社長が会社を自分の思い通りに経営したいと思っても，そうした大株主の意向を経営に反映しないわけにはいかず，完全に自由にはならない。

　『遙かなる走路』でも，トヨタが，その歴史におけるいくつかの重要な局面で，資金の問題に直面せざるをえなかったことが描かれている。たとえば，豊田佐吉が新しい技術開発に資金を投入しすぎるために，経営から追われる場面がある。経営者と株主あるいは投資家が求めるものとの違いが，そのシーンで佐吉と投資家もしくは銀行関係者と見られる者（Aとしておこう）が交わす会話に反映されている。

　　A：株式会社というものは生きものだ。配当という餌を与えんと死にますで。
　　　　（略）
　　佐吉：わしゃもう金輪際，銀行と投資家は信用せんことにするだ〔🌐
　　　　00:12:50〜〕

　豊田喜一郎も同様の場面に遭遇している。彼がどうしても自動車産業に進出

したいと考えたとき，義理の兄である豊田利三郎は資金面でリスクを抱えきれないとして反対する。

　第 7 章でも述べたように，新製品の開発や新分野への進出は，企業の将来の可能性と資金制約との戦いであるともいえる。革新的な事業を展開しようとする起業家や経営者は，佐吉や喜一郎のように，自分が生み出し成長させうると思っている新製品の性能やそれによって広がるビジネスについての知識を多く持ち，それに基づく自信や野望を強く持っているであろう。

　しかし，経営者が勝算を感じ取っている新たな分野への進出や新技術に基づいた製品の開発は，しばしば他者には十分に理解されず，それにともなう投資は大きなリスクと映る。新規であるがゆえに，判断の根拠にできる事例が示されない。未経験の分野であるがゆえに，成功する可能性が見通せない。よほど関連技術に詳しいか，投資先の力量を信用していなければ，金融機関は貸し出しに賛同できないであろう。また企業内部においても，経理を預かっている者は技術の内実に疎い場合が多く，資金繰りの問題がまず頭をよぎるであろう。

◼️ M&A の功罪

　前項の通り，『プリティー・ウーマン』のエドワードは，造船企業の買収を考えている。この映画が製作された 1990 年ごろには，バブル崩壊の影響もあって，日本でも大型の買収案件がメディアで複数取り上げられていた。投資ファンドや M&A[2] が注目を浴び，賛否をめぐって議論が交わされた。また，株式持ち合いや日本的雇用慣行も含めた日本の企業システムの有効性が問われるとともに，ステークホルダーという言葉が広まったころでもあった。近年，こうした議論はあまりなされなくなったが，M&A 自体はその後も行われており，むしろ現在のほうがよりさかんになってきている（図 10-2）。件数で見れば，当時の数倍にものぼっているのである。[3]

●2　M&A とは，企業の合併（merger）と買収（acquisition）のこと。株式の買い付けなどで企業の経営権を手に入れ，会社の経営に影響を及ぼすことができるようにする。より高い収益を上げるような改革を推し進めることが可能となり，会社を建て直す場合もある。しかし，経営には興味がなく，会社を分割したうえでその一部を，あるいは会社全体を売り払ったりすることで，短期的に利益を得ることを目指す M&A もある。

図 10-2　国内 M&A の件数

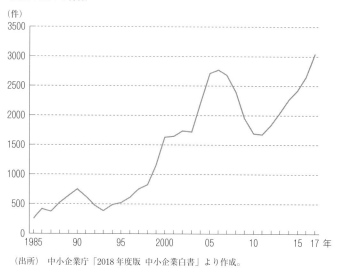

（出所）中小企業庁「2018 年度版 中小企業白書」より作成。

　M&A には，友好的なものと，敵対的なものがある。友好的とは，買収される側の会社の経営陣が，それに同意しているということである。もちろん経営陣の思いはさまざまで，自ら買収されることを望んでいる場合もあれば，仕方なくそれを選択する場合もあるだろうが，同意をともなって買収が行われるという意味で，これを友好的という。こうしたケースでは，保有する人材や技術あるいはマーケットが補完的であったり規模の効果が期待できたりするために，双方にとって1つの会社になることの利益が大きく見込まれる場合も多い。また，後を継ぐ経営者が見つからないときなどは，企業を売却することで事業を継続し従業員の雇用を確保できることもあり，M&A がつねに悪いわけではない。

　一方，買収される側の経営陣が同意していない場合は，敵対的買収となる。こうしたケースでは，買収されようとしている会社の経営陣が，株主に株式買却の提案に応じないよう働きかけるなど，さまざまな買収防衛策をとる。ただ，

●3　池井戸（2015）は，M&A に関する攻防を描いている。日本においても，小説のテーマになるほどに日常的なできごととなっていることがわかる。

敵対的買収の後に利益率が改善したり，会社の業績が伸びたりすることも少なくなく，必ず回避されるべきというものではない。

　しかし，経営陣とその他のステークホルダーの利害は必ずしも一致しない。経営陣が買収に同意していても，従業員や労働組合が反対する場合もある。とくに敵対的買収では，経営陣の意向のみならず従業員や他の関係者の利害も顧みられないことがある。なかでも，短期的な利益を追求する投資ファンドによる買収の場合，それが顕著に表れることがある。

■▶◀ 長期的関係の利点と労働組合

　使用者である会社と雇用されている従業員との関係に注目すると，市場取引重視と考えられているアメリカ企業に比べ，日本企業は簡単には解雇を行わず長期的雇用関係を大切にするといわれている（第6章も参照）。しかし，このことが，日本企業は従業員の雇用を守ろうとするあまり，景気動向や経済構造の変化に機敏に対応できないという批判になることもある。とはいえ，従業員との関係を重視する企業のあり方には，次のような経済合理性を見出すことができる。

　第1に，従業員の技能を形成するのには時間がかかるということである。会社で働くのに必要な技能を身につけようと思ったら，まずはその仕事に就かなければならない。そうして仕事を覚えて独り立ちし，今度はそれをより効率的に，さらには改善まで行えるようになろうとすれば，仕事に就きながらの訓練，すなわち OJT が欠かせない（第2章参照）。学校の教室や研修所での訓練で，定型化された基本的な技能は習得できるとしても，さまざまな変化や問題が生じる日々の対応能力は，それが起きている現場で実践を通じて身につけるしかない。のみならず，より例外的な問題に対処したり，工程や仕事の手順等の改善ができるところまで技能を向上させるには，それなりの時間を費やして仕事を経験する必要がある。優秀な従業員の育成に時間がかかるのであれば，雇用関係もある程度の長さ継続せざるをえない。

　さらに，日々の仕事を進めていくためには，どの従業員がどの作業あるいは役割をどの程度できるかを知っておくことが不可欠である。現場ではつねに，仕事と従業員の最適なマッチングを考えた対応が求められるため，個々人につ

いての細かな情報が決定的な役割を果たす。このような情報は外の労働市場には出ていかない。現に働いている職場でこそ生かすことができる。結果，企業も従業員とその日その日のスポット的な関係を避け，長期的な関係を結ぶようになる。

　加えて，企業特殊技能が重要な職場であれば，その仕事に就ける候補者はそれまで自社で働いた経験のある者に限られ，簡単に解雇できなくなる。この場合，従業員にもその企業にとどまるメリットが生じる。会社を変わってしまえば積み上げてきた企業特殊技能を生かして高い報酬を得ることはできない。今の企業にとどまって技能に応じた評価や報酬を得るほうがよい。

　以上のような企業と従業員の間の持ちつ持たれつの関係は，日本的雇用慣行の経済合理性の根拠でもある。同一企業に勤め続けることで，技能を蓄積し続けることができれば，勤続とともに能力が上がり，それにともなって賃金も上昇する。採用されたばかりの新人よりも，長期にわたり会社に必要な技能を高めてきた者の職位が高く報酬も多いのには，十分な理由があることになる。企業も，必要とする高い能力を有する者に離職されては困るので，よりよい処遇を与えようとする。よって，賃金が勤続年数や年齢とともに上昇していくような報酬体系が設計される。また，従業員の技能を向上させたいと考えるのであれば，長期的な雇用関係が望ましいということになる。

　ところで，労働組合とは何だろうか。労働組合は，労働者の利益を守ることを目的として結成される。1人1人の労働者は，大きな組織を背景とする会社に比べると弱い立場にある。たとえば，解雇をいいわたされたもののその理由が不当であると感じ承服しかねない場合であっても，一労働者の力では会社と対峙できない可能性が高い。交渉を行う態勢を整え，それを解決にいたるまで維持していくなど，多くの労働者にとって能力的にも金銭的にも個人では不可能に近いことである。

　しかし，同じような状況にある者が団結し，1つの組織として会社と向き合えば，大きな力になりうる。1人を解雇することに反対して，組合がストライキに入ると，その間は操業できず生産が止まる。それによって生じる損失は，解雇しようとした労働者を雇い続けて支払う給与よりも，はるかに大きくなる場合もある。

図 10-3　労働組合の推定組織率の推移

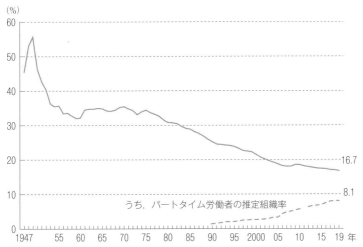

(注)　パートタイム労働者の推定組織率は 2012 年分までは旧定義，2013 年分から新定義
　　　によるもの。2011 年は作成されていない。
(出所)　労働政策研究・研修機構ウェブサイト「早わかり　グラフでみる長期労働統計」
　　　Ⅶ図 1-1-2（原資料：厚生労働省「労働組合基礎調査」）。

　もっと細かな点でも，労働者が団結することで，その利益が確保されること
がある。たとえば，1 人が休憩室の環境改善を望んでも，会社は費用をかけて
対処しようとはしないだろう。しかし，同様の要求が複数あり，ある程度の費
用で労働環境を改善することができ，それによって従業員の働く意欲が上がっ
たり離職が減ったりするのであれば，従業員と会社の双方にとって望ましい状
態が生まれることになる。

　以上のような要因は，労働組合の姿勢を対立から協調へ変えさせる。従業員
が技能を生かし高い給与を獲得できるようにするには雇用の継続が必要であり，
そのためには何よりも，企業業績の向上と企業の存続が基礎となる。経営側も
従業員の意見を取り入れ，職場環境の改善のみならず，より労働負荷が少なく
効率的に作業ができるような生産工程の改善に積極的になる。そうしたときに，
両者の間の細々とした情報交換を推進し，協調を促進する役割を，労働組合が
担うことになる。

　しかし，労働組合の組織率は，図 10-3 に示すように，減少傾向にある。背

景には，長期的な関係を必要としない方向への経済構造の変化があるといわれている。その要因の大きな1つが，第三次産業の拡大である。

第三次産業は，非正規労働者割合が高い。ところが，組合はこれまで正規労働者を中心に結成されてきており，彼らの雇用と賃金を確保することを目的としてきた。正規労働者の雇用を維持し賃金を下げないという主張は，企業にとっては人件費の固定化を意味する。経済や企業が成長していて多くの労働力を必要としている状況では，このことは問題にならない。しかし，景気が後退する局面では，固定化された人件費は企業経営を圧迫する。そこで，この問題を回避するために，企業は比較的雇用を調整しやすい非正規労働者を増やそうとする。正規労働者と非正規労働者の利害は一致しない。

また，第三次産業の企業は相対的に操業年数が短い。新しい企業や産業のなかに労働組合が存在する場を確保するには，ある程度の時間がかかる。企業成長や経済環境の変化に対応したり，時には存続を模索したりする過程で，労使関係が形成されてくる。第三次産業は，第二次産業に比べると，まだ「歴史」が浅いといえる。

いずれにしても雇用のあり方は，これまで議論してきたような職場における時間をかけた技能形成，とりわけ企業特殊技能を形成する重要性に依存する。第二次産業では機械や設備の特殊性が企業競争力の源泉になることがあるが，第三次産業においても，それに対応するものが何なのかを把握してそれを磨いていくことが必要であり，そのことを踏まえたうえでステークホルダーとしての雇用者の利益をいかに守っていくかが，労働組合の課題となっている。[4]

スポット取引 vs 切れない関係

ビビアンと6日だけの関係という契約を結んだころのエドワードの仕事に対する考え方は，投資家としてその場その場の利益を最大にするということであった。長期的に企業やそこで働く従業員を育成していこうという考えは持って

---

[4] ホテルは，サービス産業であり第三次産業に属する。『プリティ・ウーマン』もホテルでストーリーが展開する場面が多いが，ホテル自体を題材にした有名な映画も数多い。最近の日本映画にも，『THE 有頂天ホテル』（2006年）や『マスカレード・ホテル』（2019年）があり，ホテル内の仕事の内容や技能に関する知識を得ることができる。

いない。そのことは前半の 2 人の会話にも出てくる。

　　　ビビアン：（あなたは）生産や建設はやらないの？
　　　エドワード：No.
　　　ビビアン：買収した会社は？
　　　エドワード：会社を解体してバラバラに処分する。儲けが大きい。
　　　ビビアン：車を盗んでパーツを売るのと同じね［🌐 0:32:55 ～］

　しかし，終盤になって，造船会社の買収が成立したときには，買収先の社長ジェームズ・モースと，以下のような会話を交わしている。

　　　モース：私はいいが，従業員は解雇せんでくれ。
　　　　（略）
　　　エドワード：モースさん，僕の興味は変わりました。
　　　モース：どう変わったのかな？
　　　エドワード：解体のための買収はしたくない。ほかの会社にもそんなこと
　　　　はさせない。だから私の分野ではないが，協力したい。
　　　モース：なぜだ？
　　　エドワード：両社が提携すれば大プロジェクトがやれる［🌐 1:39:04 ～］

　この変化は，スポットの関係として始まったエドワードとビビアンが，互いの過去や内面を知り合うことによって心を通わせ，最後はプロポーズにいたるという映画全体のストーリーと重なっている。
　アメリカは懐が深い。資本の力が大きく広がり，投資ファンドのような短期的な収益を追い求める経営が脚光を浴びる一方で，本作のように大勢となっている動きに警鐘を鳴らし，従業員を含めて一体となった経営の重要性に目を向ける作品が製作される。Collins and Porras（1994）は，長期的に生き残り不動の地位を築いた企業に注目した調査結果を書籍にまとめ，「ビジョナリー・カンパニーの真髄は，基本理念と進歩への意欲を，組織のすみずみにまで浸透させていることにある。（略）『一貫性』というのは，基本理念と目標とする進歩

COLUMN about movies

ウォール・ストリートを舞台にした映画

　世界の金融の中心地は，数多くの映画に取り上げられてきた。不正な金融取引や駆け引きを背景とした『ウォール街』（1987年）は，M&Aに代表される新たな資本取引が広がっていった時代の作品である。しかし，その後も金融の発展と資本の影響力の増大は続き，『ウォール街』の続編である『ウォール・ストリート』（2010年）や，『マージン・コール』（2011年），『キング・オブ・マンハッタン　危険な賭け』（2012年），『マネー・ショート　華麗なる大逆転』（2015年）などがつくられた。長くアメリカ社会の衆目を集めてきたことがわかる。

　一方で，金融取引を中心とした経済のあり方に疑問を投げかける声も上がっている。資本市場の巨大化は，経済のグローバル化と相まって，世界的な経済格差を拡大する。ドキュメンタリー『インサイド・ジョブ　世界不況の知られざる真実』（2010年）や『キャピタリズム　マネーは踊る』（2010年）は，華やかな金融の世界の影の部分に目を向けている。

のために，会社の動きのすべての部分が協力しあっていることを意味する」とした。同書は，発売当時アメリカでベストセラーになり，その後日本でも注目を浴びるようになった。

● 参 考 文 献
池井戸潤（2015）『ロスジェネの逆襲』文春文庫。
Collins, James C., and Jerry I. Porras（1994）*Built to Last: Successful Habits of Visionary Companies*, HarperBusiness.（山岡洋一訳『ビジョナリーカンパニー——時代を超える生存の原則』日経BP出版センター，1995年）

新しい雇用をどう生み出して
地域を守るか

第 11 章

産業構造の大転換

- **フラガール**（2006 年, 日本）
- **ブラス！**（1996 年, イギリス）

本章の目的

　どの先進国も，エネルギー革命により，かつては経済を支えた石炭を産み出す炭鉱が，閉山に追い込まれていった。そのとき，企業そして地域はどう動いたのだろうか。石炭産業に限らず，これからも産業構造の変化によって廃れていく産業・地域が出てくるだろう。そのときに，再生あるいは円滑な後処理を進めるためにも，過去の歴史を知っておくことは貴重な財産となる。その意味で，炭鉱閉山前後を描いた映画は，企業や労働者，そして地域の動きを見つめるうえで参考になる。本章では『フラガール』を中心に，比較としてイギリス映画『ブラス！』を取り上げ，産業構造転換に見舞われた地域が変貌していくプロセスを議論する。

｜作｜品｜紹｜介｜

『フラガール』（2006年，日本，シネカノン，120分）

　　キャスト　松雪泰子（平山まどか），豊川悦司（谷川
　　　　　　　　洋二朗），蒼井優（谷川紀美子），岸部一徳
　　　　　　　　（吉本紀夫），富司純子（谷川千代）ほか

　　スタッフ　監督・脚本：李相日
　　　　　　　　共同脚本：羽原大介

　　ものがたり　1965年，石炭から石油へとエネルギー
　　　　革命が進むなか，福島県の常磐炭鉱で2000人の人
　　　　員削減が行われようとしていた。同地で新たな雇用
　　　　の創出を目指して考えられた事業の1つが，炭鉱に
　　　　湧く温泉を利用したレジャー施設「常磐ハワイアン
　　　　センター」である。

「フラガール」
©2006 BLACK DIAMONDS

　　そこで催すショーのため，ハワイアンダンサーが募集された。ところが，対象と
なった炭鉱労働者家庭の子女たちは，見慣れない振付や露出度の高い衣装に驚き，
当初の応募は木村早苗や谷川紀美子などたったの4人にとどまった。それでも東
京の一線で活躍していた平山まどかを指導者として招き，特訓を開始する。

　　まどかは，生徒たちのあまりの経験のなさに呆れ，この試みには無理があるとい
う。そのうえ，会社の事業転換に批判的な炭鉱町の住人たちからは敵視される。一
方，生徒になった早苗や紀美子も，家族からダンス練習に参加することを反対され
苦労する。しかし，実際に整理解雇が始まると，一家の稼ぎ手を失ったことから改
めてダンサーを志望してくる少女たちがほかにも現れ，また炭鉱労働者のなかから
もレジャー施設スタッフへの配転を受け入れる者が出るようになる。

　　互いの困難を通じてまどかと紀美子たちは信頼関係を築き，ダンスも上達してショーが
仕上がっていく。彼女たちの努力を見て，紀美子の母も考えを改め，周囲の
住人たちの理解をうながしてくれた。そうして迎えたハワイアンセンターの開場初
日，フラガールたちは立派なダンスを披露し喝采を浴びる。

『ブラス！』 *Brassed Off*（1996年，イギリス，シネカノン配給／アミューズ提供，107
分）

　　キャスト　ピート・ポスルスウェイト（ダニー），タラ・フィッツジェラルド（グロ
　　　　　　　　リア），ユアン・マクレガー（アンディ）ほか

　　スタッフ　監督・脚本：マーク・ハーマン

字幕：細川直子

ものがたり　イギリス・ヨークシャー地方で最も大きく古いグリムリー炭鉱。1994
年，政府の炭鉱閉鎖政策下にあって，余剰労働者を解雇しようとする経営側と，炭
鉱閉鎖に反対する労働者およびその家族が，鋭く対立していた。組合では，退職金
上乗せと引き換えに解雇を受け入れるか，閉鎖計画の見直しを要求するかを問う投
票が，目前に迫っている。

　グリムリー・コリアリー・バンドは，この町で1881年から続く炭鉱労働者によ
る吹奏楽団で，全国大会優勝を目指していた。失業するか否かの瀬戸際にあって団
員たちは落ち着かないが，そこに元団員の孫であるグロリア・モリンズという女性
が加入してくる。

　じつはグロリアは経営側のスタッフで，炭鉱の経営状況を調査し，将来展望をま
とめたレポートを作成するために生まれ故郷に帰ってきていた。彼女は，自らのレ
ポートを経営側が計画再検討に生かしてくれることを望んでいた。

　ところが，組合における投票の結果，解雇賛成派が圧勝する。楽団は予選を勝ち
進んだものの，困窮している団員も多いなか，決勝へ行く旅費が工面できない。こ
の楽団に長年情熱を注いできた指揮者のダニーが病に倒れたこともあり，団員たち
は出場を諦めようとするが，自分を捨て駒に使った経営陣に反発したグロリアが退
職金を寄付したことで，参加が実現する。

　ロンドンでの決勝で楽団は優勝する。しかし，表彰式でダニーはトロフィーの受
け取りを拒否し，観客に対して自分たちの置かれた苦境を訴え，政府を批判する演
説をする。

▶◀ 石炭産業の衰退

　戦後75年の間に，日本の産業構造は大きく変化した。それにともなって，
どの産業の労働需要が旺盛だったかも時代ごとに違いがある。第7章でも見た
産業別就業者数の推移を，ここでは構成割合で見てみよう（図11-1）。1950年
には労働者の半数近くが農林漁業（第一次産業）で働いていたのが，現在では1
割以下にまで減少していることがわかる。その一方，小売業やサービス業など
の第三次産業で働く労働者が半数以上を占めるようになった。

　このように就業者構成割合が推移していく背後には，必ず，雇用縮小の影響
で失業を経験する労働者がいることを忘れてはならない。戦前および復興期の

図 11-1　産業別就業者構成割合の推移

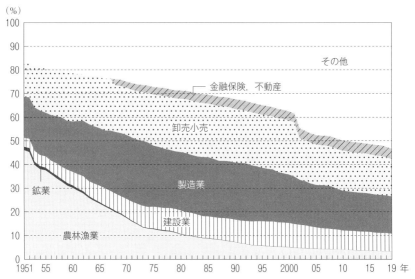

（出所）　労働政策研究・研修機構ウェブサイト「早わかり グラフで見る長期労働統計」Ⅱ図4統計表より作成（原材料：総務省「労働力調査」）。

図 11-2　炭鉱業（石炭・亜炭鉱業）の労働者数の推移

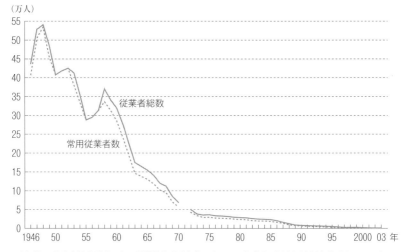

（出所）　総務省統計局「日本の長期統計系列」第8章8-1より作成（国立国会図書館「インターネット資料収集保存事業」ウェブサイトを参照）。

三井三池争議（1960 年）

（提供）　朝日新聞社。

日本経済を支えた炭鉱業も，1955 年以降のエネルギー供給政策の転換，すなわち石炭から石油への移行のため，国内各地で相次ぐ炭鉱の閉鎖を経験した。炭鉱業で働く労働者数は，1950 年には 40 万人を超えていたが，2000 年代には 800 人を割り込むまでに激減している。図 11-2 から，とりわけ 1950～1960 年代に，急激に雇用が縮小したことがわかる。この時期，928 の炭鉱が閉山し，炭鉱離職者は 20 万人を超え，各地で労働組合の激しい解雇反対闘争が頻発して社会問題化した。とくに，三井三池での解雇反対闘争（三井三池争議）は有名である（小池，1976）。[1]

　表 11-1 には，当時のおもな炭鉱の離職者数を示している。福島の常磐炭鉱も例外ではなく，『フラガール』のなかでも 2000 人が解雇と述べられている（1965 年）。最終的に，常磐炭鉱磐城鉱業所は，一山（鉱業所）としては国内最大規模の閉山となり，1971 年 4 月に 4702 名の離職者が出た。このうち 4171 名が求職活動を行い，16 カ月後には 91.2 ％の求職者が新しい職を得たという。このように高い割合で転職ができた背景には，政府，企業，そして地域の関係者の努力があった。

　炭鉱業では，就労者が世代を超えて鉱山所在地周辺に集中的に居住している

●1　1953～1960 年に三井三池炭鉱（福岡県・熊本県）で発生した労働争議。労働争議（労使紛争）とは，労働者が自らの労働条件の向上を目指して，ストライキ等の争議行為を展開する，あるいはするおそれのある状態をいう。

表 11-1　炭鉱閉山における離職者数とその後の就職状況

	閉山時期	地域	離職者数（名）	純求職者数（名）	就職率（％）	就職率算出時点
貝島（第六次合理化）	1966 年 9 月	福岡県宮若市	1923	1839 (a)(注)	91.7	9 カ月後
雄別	1970 年 2 月	北海道釧路市	2328	1925 (a)	96.8	12
常磐	1971 年 4 月	福島県いわき市	4702	4171 (b)	91.2	16
住友奔別	1971 年 10 月	北海道三笠市	2335	2032 (a)	69.0	5
住友歌志内	1971 年 10 月	北海道歌志内市	1124	943 (a)	79.2	5
北炭夕張新鉱	1982 年 10 月	北海道夕張市	1905	1711 (b)	57.6	3
三井三池	1997 年 3 月	福岡県大牟田市・熊本県荒尾市	1553	1317 (b)	80.9	50
池島	2001 年 11 月	長崎県長崎市	1214	954 (a)	49.7	35
太平洋	2002 年 1 月	北海道釧路市	1066	1016 (b)	70.7	36

（注）　a：職員・鉱員・組夫（臨時・下請け），b：職員・鉱員。
（出所）　嶋﨑（2013）。

　ことが多い。『フラガール』の紀美子の母を見てもわかるように，採掘従事者（おもに男性）のみならず，その家族（女性を含む）も選炭（採掘した石炭を品質のよいものと廃棄するものに分ける作業）に携わるなどして，一家が鉱業で生計を立てている。それが閉山となれば，周辺地域に暮らすほとんどの家庭が生活基盤を失うことになる。

　そもそも業界が一気に不況産業になれば，当該産業の他企業へ移動することは難しくなる（国際移動まで広げれば可能性としてはありうるが，現実にはかなり困難）。それでも炭鉱労働者としての再就職にこだわった場合，地域移動はほぼ避けられない。紀美子をダンサーの応募に誘った早苗の一家は，ハワイアンセンターの開場を待たずして夕張へと移っていった。こうした特徴から，炭鉱業が衰退していく過程では，どこの国でも『ブラス！』に描かれていたような解雇反対闘争が起こり，また地域の再建が大きな課題となるのである。

常磐炭鉱の取り組み

　『フラガール』は，上述のような大きな産業構造転換に見舞われた鉱業会社が，自らが根ざす地域の生き残りを賭けて事業転換に取り組んだ試みを描いて

いる。鉱業という第二次産業から，リゾート施設経営という第三次産業への転
換を，1つの企業がもとからの従業員（およびその家族）によって達成しようと
した。企業が自社のみならず地域を守ろうとした点で，「企業城下町」におい
て基幹産業が衰退していくときに参考にされるべき事例といえる[2]。

　映画を見ると，集会所やダンス練習場など常磐炭鉱の施設のいたるところに，
「一山一家」という額が飾られているのを確認できる。これは同社で実際に掲
げられていた標語で，清水（2018）によれば，他の炭坑には見られないという。
ヤマで働くすべての人間が家族であるとの意で，いわば「経営家族主義」を表
すものととらえられよう。経営家族主義は，日本企業の経営を特徴づける用語
として知られ，「企業を1つの家族的共同体とみなし，経営者は従業員に対し
て家長的な温情主義による諸施策を実施し，他方，従業員はそうした温情に応
えて企業の存続と発展に献身しなければならないとする，労使協調の考え方」
とされる（宮本ほか，2007）。

　こうした考え方をもとに発案されたハワイアンセンター事業には，センター
の初代社長となった中村豊の意向が大きく影響したといわれる（映画の「吉本
部長」のモデルと思われる）。吉本は，押し寄せるオイルの波に飲まれる前に仕
掛けると謳って，ハワイアンダンサーを炭鉱町から募集した。ダンス指導のま
どかは，吉本に，なぜ炭坑の娘をダンサーにしないといけないのか，東京から
経験者を呼ぶべきだと意見する。しかし，彼は「そういうわけにはいきません。
ハワイアンセンターの理念は，炭坑人の炭坑人による炭坑人のための（事業だ
から）」と返答する。実際にも，中村は「自前主義」を主張し，センターの従
業員をすべて炭鉱労働者とその家族で賄おうと考えていた。具体的には，父親
がフロントマン，母親が客室係，息子が調理師，娘がフラダンサーになる構想
を描いていたという。炭鉱のボタ山（捨石〔ボタ〕の集積場）をバックにフラガー
ルたちがポーズをとった写真は，こうした考えが形になったことを象徴する
ものだったといえよう。

●2 『フラガール』の常磐炭鉱と同じように，北海道の夕張市は，炭鉱閉山によって産業
　構造の転換を強いられ，大規模リゾート事業を推進したが失敗し，財政破綻にまで追い
　込まれた。映画『幸福の黄色いハンカチ』（1977 年）では，主人公の元炭鉱労働者の妻が，
　夕張の炭鉱住宅で夫の刑期明けを待ってくれているかどうかがドラマになっている。

▶ 労働者の困惑

　しかし，事業転換にすべての労働者がスムーズに対応できたわけではない。
どのような形でも，第二次産業から第三次産業への転換には困難がともなうで
あろうが，まして炭坑町にハワイを模したレジャー施設を建設するというのは，
突飛ともいえる計画である。映画にも，フラガールたちが家族の理解を得られ
なかったり，炭鉱労働者がハワイアンセンターのスタッフへ転じた元同僚につ
らくあたる場面が，たびたび登場する。3代続く炭鉱労働者である洋二朗（紀
美子の兄）が，まどかと言い合いになるシーンには，変化に取り残されそうに
なっている者が抱える，矜持と裏腹の不満・不安が表れているようである。

　　洋二朗：紀美子（が）プロの踊り子になりてぇつって，母ちゃんにぶん殴
　　　られて，うち飛び出しちまった。……なじょして（どうやって）妹ら手
　　　なずけたか知んねぇけど，ヘタな夢見せねぇでろ。こっだクソ寒い
　　　東北に，ハワイなんて，大ボラもいいとこだ。
　　まどか：夢も見られない酔っ払いの炭坑夫よりよっぽどマシよ。酒飲んで
　　　るヒマがあったら妹捜しにいけば？
　　洋二朗：バスも汽車も走ってねぇ。行くとこなんかねぇさ。……なして，
　　　こっだ田舎町に来た？　まぁ，聞かなくたってわかっけどな，金だべ。
　　まどか：悪い？　アンタだってお金のために穴掘りしてんでしょ？
　　洋二朗：穴掘りじゃねぇ，石炭掘りだ。死んだ親父も，じっちゃんも，石
　　　炭掘りだった。大人になったら，山入るのが当たり前だと思ってた。親
　　　父が掘ってたころは，石炭，黒いダイヤって呼ばれて，掘れば掘るほど
　　　金になった。
　　まどか：もう石炭の時代じゃないでしょう。
　　洋二朗：時代が変わったからって，なして俺らまで変わらなきゃなんね
　　　ぇ？　勝手に変わっちまったのは，時代のほうだべ。
　　まどか：そうやっていつまでも時代のせいにしてれば？　[🌐 0:30:30～]

　炭鉱労働者は，採石のプロであっても，鉱山がなくなってしまうと，それを

COLUMN about words

憧れのハワイ

　映画では，娘がダンサーになることに猛反対していた紀美子の母も，娘の努力やダンス自体の魅力に気づき，最後には常磐ハワイアンセンターを応援する。センターは地域に受け入れられ，初日はショーの会場も満員になっており，順風満帆のスタートを切ったように描かれているが，実際はどうだったのだろうか。

　常磐ハワイアンセンターは 1966 年，「1000 円持ってハワイへ行こう！」をキャッチフレーズに開業した。当時の日本人にとってハワイ旅行は高嶺の花で，日本にいながらハワイを味わえるというコンセプトは大いに「売り」になったのである。

　それを反映して，当初，業績は順調に推移したが，1970 年代前半の不況期に，来場者数が減少に転じる。レジャーが多様になって競合が増え，ハワイ自体も身近になってしまったことなどに加えて，おもに常磐炭鉱の出身者で構成された従業員たちのサービス・スキルが成熟していなかったことも，理由の 1 つであった。

　そこで同センターは，お客様第一・品質最優先を主眼とする TQM（総合品質管理）の発想を取り入れ，体質改善を断行する。取り組みは功を奏し，1988 年には TQM の進歩に功績のあった民間の団体等に授与される「デミング賞」を，サービス業ではじめて受賞するにいたった。この成功についても，映画にも出てきた常磐炭鉱の「一山一家」の精神が基盤になったと解されている（常磐興産株式会社スパリゾートハワイアンズ，1990）。

　その後も，「スパリゾートハワイアンズ」への改称にともなうコンセプトの見直し，露天風呂の開設などに取り組み，また，まさにこの『フラガール』で取り上げられたことも追い風にして，営業を続けている。

生かせる職場がほかにほとんどない。しかも，長く続いた炭鉱町ほど，洋二朗のように，その地で生まれ育ち，「山（に）入るのが当たり前だと思って」キャリアをスタートし，外の世界をあまり知らない者が多かった可能性が高い。キャリアデザインの観点から考えると，彼らのスキル（技能）は，きわめて産業および職業特殊的なものである。企業間の転職には耐えうるかもしれないが，前述のように産業全体が落ち込んでいっている時期には，それが難しい。産業・職業を変わるには，ほぼゼロからキャリアを再構築していかなくてはならない。

変化のスピードが当時よりも格段に速くなっている現代において，洋二朗が直面した問題は他人事ではない。「プロティアン・キャリア」という最近のキャリア論は，環境の変化に応じて自分自身も変化させていく柔軟なキャリア形成を提唱している（第6章参照）。なかなか変化に踏みきれなかった洋二朗のみならず，早々にハワイアンセンターへ転職し，かつての同僚たちから非難を浴びながらも椰子の木を枯らすまいと奮闘した彼の親友・光夫など，常磐炭鉱の労働者たちの経験から学べることは多いはずである。

▶◀ 離職者への支援の重要性

　映画だけだと，常磐ハワイアンセンターが全面的に炭鉱業の雇用を代替したように見えるかもしれないが，作品のなかでも 2000 人の人員削減に対して新規雇用創出 500 人弱と述べられているように，その雇用吸収効果は部分的であった。現実には当然，ハワイアンセンター以外の企業への就職の斡旋も行われた。

　離職者の受け皿は 5 つあった。①閉山炭鉱の採炭事業の一部を引き継ぐ第二会社，②経営の多角化・転身による系列会社，③他の炭鉱への再就職，④一般産業への再就職，⑤雇用予約制による職業訓練受講，である。地域の生き残りという観点からは，①と②が大事になってくる。常磐ハワイアンセンターは②にあたる取り組みといえる。

　常磐炭鉱の離職者 4702 名（前掲，表 11-1 参照）は，結果的に，993 名が第二会社に，2612 名が他企業へ就職した。また，福島県内で再就職を果たした者が 2836 名，県外が 1115 名であった。

　スムーズな再就職のため，職業安定所だけでなく，企業や地域の人々も尽力した。企業側の就職対策・斡旋部署，および労使による就職斡旋委員会（磐城鉱業所転進対策本部）が，いわば「顔の見える相談体制」を築き，労働者の再就職を補助したのである。離職者の意向と求人とを引き合わせる作業や，手続きなどの個別支援が，労組役員などで構成する相談員により行われた。

　そしてまた，企業努力に任せるばかりではなく，政府によっても対策が講じられた。1959 年に炭鉱離職者臨時措置法が定められ，炭鉱離職者求職手帳制度によって雇用を援護した。同法は，それまでの失業対策事業などの応急的な

ものに比べると，広域職業紹介・職業訓練などを含んだ総合的な政策であった。これらに名目 4 兆円にのぼる財政投入がなされたことが，ここまで大規模な産業構造の変化が決定的な社会混乱を招かなかった原因といわれている（嶋﨑，2013）。

◢◣◂ イギリスの場合

　同じ炭鉱閉鎖を扱った映画でも，イギリスの『ブラス！』は対照的に見える。そもそも *Brassed Off*（怒っている）という原題からもわかるように，本作は，『フラガール』のような地域の再生を描くよりは，炭鉱閉鎖政策への抗議が主題になっているといえよう。そのことは，クライマックスとなる指揮者ダニーのスピーチに，とてもよく表れている。

　彼らは言うでしょう，私には何よりトロフィーが大事と。
　だが違う。
　以前は，音楽こそが大事と思っていました。しかし人間の大切さには及びません。
　そこで私たちはトロフィーの受領を拒否します。
　どうです？　ニュースでしょう？
　これは私個人の独り言には収まりません。
　この 10 年来，政府は産業を破壊してきた。我々の産業を，さらには我々の共同体，家庭生活を。発展の名をかりた，まやかしのために。
　2 週間前，このバンドの炭坑も閉鎖されました。またも大勢が職を失った上に，大会に勝つ意欲，闘う意志まで失いました。
　しかし生きる意志すら失ったら……悲惨です。
　皆さんは，アシカやクジラのためには立ち上がる。
　でも彼らは，ごく普通の正直で立派な人間です。その全員が希望を失っているのです。
　彼らは，すばらしい演奏をします。でも何の意味が？
　では仲間と町へ帰ります。ありがとう。[🌐 1:40:40]

　ダニーはこのように，楽団を代表して炭鉱閉鎖に異を唱えているが，同地の労働組合で行われた投票では解雇賛成派（閉鎖賛成派）が圧勝しているわけで，労働者間にも意見の相違があったことがわかる。

　映画は1994年に時期を設定しており，労働者たちが「10年前」に言及するシーンがたびたび出てくる。これは，1984〜1985年の全国炭坑労働組合（NUM）ストライキにおける敗北のことを指す。1984年3月6日イアン・マクレガー石炭庁総裁が年内に174抗のうち採算のとれない20坑を閉鎖し約2万人を合理化する計画案を公表したことが発端となり，戦闘的なNUMのアーサー・スカーギル委員長と反スト派の対立が暴力抗争に発展，また5月29日にはコークス輸送トラック部隊の妨害事件が起こって5000人を超すピケ隊と警官隊が交戦するなど，泥沼化した闘争である[3]。死者も出したことから，イギリス労働運動史において不名誉な歴史の一齣といえ，それから10年が経った1994年にも多くの労働者に暗い影を落としている。

　もちろん，『フラガール』においても，吉本部長が「ヤマ捨てた裏切り者」呼ばわりされるなど，労働者間の対立はあった。しかし，最終的には（フラガールたちの頑張りも手伝って），地域の労働者は新事業に理解を示していく。これに比べると『ブラス！』で描かれている労働組合内の対立には，修復困難な深い溝が感じられる。ダニーが共同体が破壊されたといっているのは，こうしたことを指しているのだろうか。投票の議題も，退職金の上積みか炭鉱存続かであって，その討論のなかで閉山後の再就職が話題にのぼっている様子は，少なくとも映画には描かれていない。

　ここまで日英の対応が異なった背景には，イギリスの石炭事業が国営であることも関連していよう。日本の石炭産業は，創生期を除き，他国のように国営化などの公的管理にいたらなかった。日本の民間企業の経営や労使関係については，企業ベッタリの「企業一家主義」や，企業別組合ゆえ会社と労働組合に二重に所属する「自立」していない労働者像が，否定的に論じられることも多い。ただ，どこの地域や産業でも起こりうる，構造転換という危機的状況にお

　●3　このストライキ時の組合とゲイ・レスビアン運動との連帯を描いた，『パレードへようこそ』（2014年）という映画がある。

いては，むしろ，こうしたタイプの企業や地域が強みを発揮することもあるのである。

企業と地域が一体となって成長し続けるために

遅かれ早かれ，産業や企業の発展により，「企業城下町」あるいは「産業集積地」は移ろっていく。そのときに，斜陽になった地域において，何らかの転換が行われないと，地域自体が疲弊し，悪くすると消失してしまう。ゆえに地域問題になるのであるが，それぞれの企業がどのように立ち向かい，「選択と集中」のなかで努力していくかが，地域再生を考えるうえで重要であろう。

常磐炭鉱から常磐興産が生まれ，ハワイアンセンターは今も営業している。同社は，この50年の間にさまざまな経営の苦労を重ねながら（清水，2018），現在もなお，地元の雇用を大切にしている。東日本大震災や福島第一原発事故の後も，同地の象徴的な存在として活動が報じられるなどした。産業構造の大きな変化があったとしても，こうした地元に根ざす企業によって，地域が新たな産業とともに存続できる可能性があるのである。

● 参 考 文 献

小池和男（1976）「三池」飯田経夫ほか『現代日本経済史──戦後30年の歩み（上）』筑摩書房，326-345頁。

嶋﨑尚子（2003）「炭砿離職者の再就職決定過程──昭和46年常磐炭鉱KK大閉山時のミクロデータ分析」『早稲田大学大学院文学研究科紀要 第1分冊』第49号，43-56頁。

嶋﨑尚子（2013）「石炭産業の収束過程における離職者支援」『日本労働研究雑誌』第641号，4-14頁。

清水一利（2018）『「東北のハワイ」は，なぜV字回復したのか──スパリゾートハワイアンズの奇跡』集英社新書。

常磐興産株式会社スパリゾートハワイアンズ編（1990）『レジャーサービス業のTQCへの挑戦──常磐ハワイアンセンターの実践の記録』日科技連。

中澤秀雄・嶋﨑尚子編著（2018）『炭鉱と日本の奇跡──石炭の多面性を掘り直す』青弓社。

宮本又郎・阿部武司・宇田川勝・沢井実・橘川武郎（2007）『日本経営史──江戸時代から21世紀へ（新版）』有斐閣。

地方企業の生き残り戦略

第 **12** 章

地域経済の活性化

・川の底からこんにちは（2009 年，日本）

本章の目的

　都市がどれだけ膨張しようが，地方は必ず残る。ある程度の広さを持った国家において，すべてが都市という経済は考えられない。そのとき活性化できない地方あるいは地域経済は，雇用の場が縮小するだけではない。地域経済を担う経営者や自営業主の後継者が育成できないという，長期的に見て深刻な問題を抱える。本章では，『川の底からこんにちは』を題材に，地方の工場の経営者家族が織りなす人間模様から，主人公のある意味ハチャメチャなキャリアから生まれる新しい展望を考える。

作	品	紹	介

『川の底からこんにちは』（2009年，日本，
ユーロスペース＝ぴあ，112分）

©PFF パートナーズ＝ぴあ，TBS，TOKYO FM，IMAGICA，
エイベックス・エンタテインメント，USEN

キャスト　満島ひかり（木村佐和子），遠
　　　　　藤雅（新井健一），志賀廣太郎
　　　　　（木村忠男），岩松了（木村信
　　　　　夫）ほか

スタッフ　監督・脚本：石井裕也

ものがたり　木村佐和子は，東京の玩具企
業に派遣の事務員として勤める20代前
半の女性である。高校卒業後に同級生と駆け落ち同然で上京し，5年間で5つの職
場を転々としてきた。彼氏も今の相手である健一で5人目，勤務先の課長でバツ
イチ・子持ちだという。「私なんて中の下くらいの女」「しょうがないですよね」を
口癖に覇気のない毎日を送っている。

　そんな彼女にある日，郷里の叔父・信夫から，父の忠男が入院したと電話が入る。
忠男は木村水産というシジミ加工工場を営んでおり，彼女は一人娘である。佐和子
は帰郷には気が進まなかったが，健一のほうが田舎暮らしに根拠のない期待を抱い
て退職，彼の娘・加代子と3人で実家へと向かう。

　父に代わって工場を引き継いだ佐和子だったが，仕事もできなければ，意欲にも
欠けている。そんな佐和子に従業員も非常に冷淡である。工場の経営も，再来月を
越せるかどうかという危機的状況にある。さらに追い打ちをかけるように，健一は
田舎暮らしの現実に絶えられず，佐和子の同級生だった工場の女性従業員と東京へ
逃げ帰ってしまう。

　追い詰められた佐和子は，相変わらず「しょうがない」「私なんか大した人間じ
ゃない」と口にしながらも，とうとう「頑張るしかない」と開き直る。自虐的とも
思える新たな社歌を創作することで，中高年の女性従業員たちとも打ち解け，工場
は活気を取り戻す。シジミのパッケージを一新したことが奏功し，受注も回復する。

　こうして光明が見えてきたところで，忠男が亡くなる。遺言通りシジミを獲る川
に散骨している最中，のこのこと戻ってきた健一に対して佐和子は，自分たちは頑
張るしかないんだ・お前もやるべきことをしろと激昂する。そのまま泣きながら川
に向かい，「お父さん，お母さん」と叫ぶと佐和子は吹っ切れた表情を見せ，「しょ
うがないから，明日も頑張るね」という彼女の呟きで映画は終わる。

表 12-1　都道府県別ランキング

1 人当たり県民所得（2016 年度）

（単位：万円）

1 位	東　京	534.8
2 位	愛　知	363.3
3 位	栃　木	331.8
4 位	静　岡	330.0
5 位	富　山	329.5
6 位	滋　賀	318.1
7 位	神奈川	318.0
8 位	福　井	315.7
9 位	三　重	315.5
10 位	茨　城	311.6
⋮	⋮	⋮
43 位	佐　賀	250.9
44 位	鹿児島	241.4
45 位	鳥　取	240.7
46 位	宮　崎	240.7
47 位	沖　縄	227.3
全県計		321.7

人口増減率（2010〜2015 年）

（単位：%）

1 位	沖　縄	2.9
2 位	東　京	2.7
3 位	埼　玉	1.0
4 位	愛　知	1.0
5 位	神奈川	0.9
6 位	福　岡	0.6
7 位	滋　賀	0.2
8 位	千　葉	0.1
9 位	大　阪	−0.3
10 位	宮　城	−0.6
⋮	⋮	⋮
43 位	和歌山	−3.9
44 位	青　森	−4.7
45 位	高　知	−4.7
46 位	福　島	−5.7
47 位	秋　田	−5.8
全　国		−0.8

（注）　人口増減率に関し，沖縄は自然増により人口が増加し続けており，全国でも
めずらしいケースである。
（出所）　1 人当たり県民所得：内閣府「平成 28 年度 県民経済計算」，人口増減率：
総務省統計局「日本の統計 2020」第 2 章 2-2 より作成。

求められる地域経済の活性化

　地域活性化の必要が叫ばれて久しい。その背景として，地域間による所得格差などが指摘されている。地域間による所得の格差は大きく，第 1 位の東京都の 1 人当たり県民所得は，第 47 位の沖縄県の約 2.4 倍にもなる。また，都道府県別の人口増減率を見ると，2010〜2015 年の期間に人口が増加した都府県は全国で 8 しかなく，その多くが首都圏など大都市を抱える自治体であることから，経済の担い手となる人口が地域から流出している様子がうかがえる（表 12-1）。

　こうした状況はさまざまな要因が複雑に絡み合って生じたものであり，一朝一夕には解決が難しい。だからこそ地域活性化の掛け声がさかんになるわけだが，いずれにせよ，地方経済を自律的に維持・発展させていくためには，第

11章でも述べたように，地域に根ざした企業の活発な事業活動が不可欠であることは間違いない。

　ただ現実には，担い手として期待されるような地域企業は，その多くが中小企業（第7章も参照）であるかもしれない。しかし考えてみれば，どのような大企業も，最初は中小企業である。そこから，イノベーションを起こすなどして発展し，雇用創出に貢献するにいたるのである。中小企業を，大企業と図式的に対比させて，賃金が低く経営も苦しいといった展望のない姿を描く，「二重構造」の枠組だけで論じると，経済発展の歴史を見誤ってしまう。

　では，現代の日本において地域企業の現状はどうなっているのだろうか。どのような問題を抱えており，それを打破する方策はあるのだろうか。

▶️ 中小企業あるいは家業の後継者問題

　映画の主人公の木村佐和子は，実家・木村水産の経営にはまったくといっていいほど興味がなさそうであったが，社長である父の入院を機に跡を継ぐことになる。社長と血のつながりがあるといっても後継者として育てられているふうでもなく，外で経営者になるのに役立つような仕事を経験してきたわけでもなく，むしろ従業員たちには「負のイメージ」しかなかった佐和子が，なぜ家業を継ぐことになったのだろうか。ほかに候補者はいなかったのだろうか。

　映画と同じく，現実の中小企業の後継者問題も深刻である。一般的に，後継者がいない理由は次の3つである。①子どもがやりたがらない，②親が子どもにやらせたがらない，③社内に人材がいない。

　地域に根ざす中小企業には家族経営が多い。こうした企業の承継にあたっては，経営者の子ども，かつてはとりわけ息子の意向が重要視された。映画のように娘が継ぐケースも稀にはあるが，娘しかいない家庭では娘の夫が継ぐことも多かった。たしかに，以前の社会的・経済的環境に鑑みれば，「娘の夫が継ぐこと」は経済合理的な選択といえる。適性のある経営者候補を見極めるには，ある程度の時間も必要とする。過去の例になってしまうが，江戸時代の商家は，娘の結婚相手を自店の手代・番頭から選び，その者に跡を継がせることがあった。奉公人であれば，人柄も含めた能力を，より正確に見抜くことができたからである。

図 12-1 親族外継承の推移

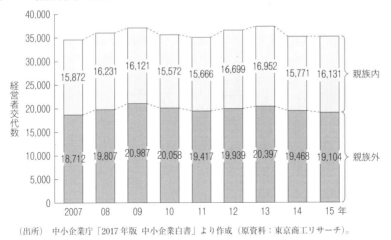

（出所）中小企業庁「2017 年版 中小企業白書」より作成（原資料：東京商工リサーチ）。

　ひるがえって，佐和子でなければ，木村水産にどのような後継者がありえた だろうか。1 人で事務を取り仕切っているらしい，経理担当の遠藤さんという 男性従業員が出てくるが，彼は候補にあがったのだろうか。じつは，家族経営 が多い一方で，現実には，図 12-1 に示すように，親族外への経営者交代の割 合のほうが一貫して高いという統計もある。映画ではそうした可能性について は取り上げられていないが，実際問題としては注目すべきデータである。

　また，仮に社長は息子・娘が継いだとしても，社員のなかに有能な「右腕」 がいたほうが，経営はうまくいくことがわかっている（脇坂, 2003）。筆者の調 査によれば，右腕のいる中小企業は，いない企業よりも，自社の競争力が強い と回答する割合が 15.6 ％高かった（「まあまあ強い」も含む, 82.5 ％：66.9 ％）。木 村水産の遠藤さんも，右腕というほどではないかもしれないが，父娘 2 代の社 長に仕え，他の従業員に冷たくあたられる佐和子をとりなす存在のように描か れている。

　さて前述の通り，結局，木村水産は佐和子が跡を継いだ。それまで派遣社員 として勤めた経験を生かそうなどという考えからの決断でないことは，映画を 見れば明らかである。彼女の行動については，キャリア論でジョン・D. クラ ンボルツがいうところの「計画的偶発性」（planned happenstance）が参考になる

COLUMN about words

派 遣 社 員

　佐和子は，派遣社員として5年ほど働いたという設定になっている。仕事に熱心というわけでもなく，将来の展望もなさそうに見える。同僚も似たような様子だが，彼女たち派遣社員が勤務中も給湯室や手洗いでおしゃべりばかりしているのも含めて，映画は戯画的に描いているだけであろう。

　実際は，各種調査によれば，派遣社員は仕事にそれなりのやりがいを感じている。しかし，将来のキャリア展望に関する満足度が，正社員ではない雇用形態のなかで最も低い（労働政策研究・研修機構，2011）。

　派遣社員は，雇用契約上3種類に分かれる。紹介予定派遣と，常用型あるいは登録型の派遣である。派遣社員全体では，後の2種類の人数が多くを占めている。また，登録型で派遣される労働者数は，常用型の倍以上にのぼる。なお，常用型は，派遣業務に携わっていないときも派遣会社との雇用関係が継続する形態で，技術者などに多く，男女の構成割合では男性のほうが多い。一方，登録型は，派遣先に派遣されている期間のみ派遣会社との雇用関係が生じる。より不安定な形態といえるが，これは圧倒的に女性が多い。佐和子もおそらく登録型であろう。

　前出の労働政策研究・研修機構（2011）によれば，就業にあたって派遣社員を選択した理由として最も多いのは，「正社員として働ける会社がなかったから」で，登録型46.3％，常用型43.2％である。2番めに多い理由は，登録型が「自分の都合のよい時間に働きたいから」で23.9％，常用型は「専門的な資格・技能を生かせるから」で25.9％である。いずれの形態においても，「正社員として働ける会社がなかった」ことが，就業理由の半分を占めるにはいたらないまでも比重が高く，次の理由の倍近い割合にのぼっていることがわかる。

かもしれない。この理論によれば，キャリアの8割は偶然で決まり，計画的に積み上げたものではないという。したがって，過剰なキャリア計画は，むしろ個人の思考や行動の柔軟性を奪いかねない。個人ができるのは，自ら行動し，さまざまな経験に反応することである。そうして，ただ受け身で待つのではなく，種々の偶然を意図的・計画的にキャリアに生かしていくわけである。佐和子自身はキャリア発達という観点から行動しているようには見えないが，結果として，社長就任という「偶然」に反応し，映画の後半では積極的な取り組み

を見せるようになっていく。

　しかし，佐和子がそのように積極的な姿勢に変わるには，工場経営者としても私生活でも相当に追い詰められたことで，開き直ることが必要だった。彼女の「開き直り」については後出の項で取り上げよう。

◼️▶️◀️ 地域を基盤とした中小企業経営の難しさ

　木村水産の従業員は，その多くがシジミ漁師の妻たちである。原材料を安く仕入れたい工場と，できるだけ高く買い取ってもらいたい漁家との利害は，とりわけ加工会社の業績が下向いていくなかでは矛盾しがちになる。当初，従業員が非協力的なのは，佐和子の経営手腕では会社の業績向上が望めないため，夫も含めた自分たちに利益がもたらされることはなさそうだという見込みからくる反発だったともとらえられる。ある意味，彼女たちは自らを取り巻く経済の循環をわかりすぎるほどわかっており，そのせいで悪循環から抜け出せないでいる。

　これを突破するには，付加価値を生み出したり生産性を上げたりして，業績を向上させるしかない。状況をその方向へ持っていくには，経営者の技量が必要となる。方法の1つは，賃金制度ほかの人事制度を駆使することである。たとえば，第9章で見たように，すでに明治期から大規模製糸工場には巧みな賃金体系が取り入れられ，生産性の向上が図られていた。

　しかし，現代にあって，木村水産のような地元密着型の中小企業で，それらが機能するかは疑問である。緻密な人事労務管理制度を導入したとしても，運用に例外ばかりが生じると，かえって労働者の意欲は削がれ，生産性に悪影響を及ぼす。一方，地域を基盤とした「顔の見える世界」においては，むしろ各従業員の事情に寄り添った個別対応こそ求められる可能性も否定できない。であるならば，洗練された制度を導入するよりも，それらは最低限にして，いわば曖昧で柔軟かつ臨機応変な個別対応を志向したほうが，彼／彼女らの意欲を引き出せるかもしれない（第8章のやまきの事例も参照）。

　ワークライフバランスがますます重要視されるようになってきた今（第5章参照），実際にも，ファミリーフレンドリーな（従業員の家庭に配慮した）雇用管理が進んでいる中小企業ほど，優秀な人材の獲得や，従業員の定着率の上昇，

帰属意識および勤労意欲の向上といった成果を得ている（脇坂，2018）。

📹◀ 「中の下」を自覚してやる気を喚起

　さて，どう見ても芳しくないキャリアを歩んできた佐和子であったが，それを「中の下」という「階層意識」に仮託して従業員を鼓舞し，リーダーシップを発揮することになる。

　ある日，彼女は新しい社歌を作成し，朝礼で突如発表する。それは，「上がる上がるよ消費税　金持ちの友達一人もいない」という地域住民の心情に根ざした歌詞で始まり，「来るなら来てみろ大不況　その時ゃ政府を倒すまで　倒せ倒せ政府」と，過激ともいえるアジテーションが挿入されている。

　さらに，「中の下の生活　所詮みんな中の下　楽しいな　楽しいな」と現状を逆手にとって開き直り，佐和子が台詞で「中の下　中の下　どうせみんな大した人生じゃないし　ハナっから期待してませーん」とダメ押しする。最後は「シジミのパック詰め　シジミのパック詰め　川の底からこんにちは」で終わるという，身も蓋もないものである。

　ところが，これを歌うことで従業員は結束し，工場が活気づく。それまで漫然とパック詰めしていただけの製品にも工夫を凝らし，パッケージを写真入りの特徴あるものに変えて幟なども新調，ブランドのない生鮮品というよりも木村水産の商品であることをアピールするような形でスーパーに置いてもらうようにした。そのことで出荷が上向いていく。

　つまり，先述の「悪循環」を，付加価値を付与することで打破したのである。それを可能にしたのは，佐和子が捨て身で喚起した従業員の意欲である。従業員が佐和子のことを「ただ者でない」と認め始める場面からは，彼女たちの「経済の循環」をめぐる見込みに変化が生じたことが見て取れる。

📹◀ 所得格差と階層意識

　佐和子の「中の下」という意識は多分に感覚的なものであろうが，そもそもいつの時代・どの国においても，所得分布が一様であったことはないのである。現代日本でも，左右対称の正規分布にすらなっておらず，平均所得よりも何層も下の階層に人数のピークがある。図12-2に示したように，平均所得よりも

図 12-2 所得金額階級別世帯数の相対度数分布

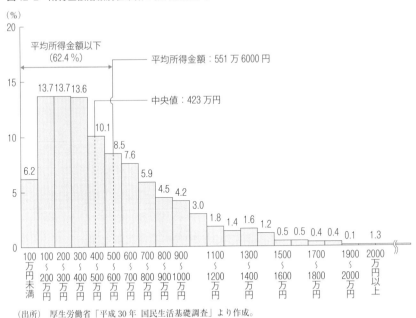

(出所) 厚生労働省「平成 30 年 国民生活基礎調査」より作成。

所得の少ない世帯は 6 割以上にのぼる。

　生活保護を含む社会保障など，社会的なセーフティ・ネットをどのように整備していくかといった観点からは，この分布がどう変化していくかが重要な指標となる。格差の拡大は，犯罪や自殺の増加，健康への悪影響などをもたらし，社会の安定性を損ねる可能性があるからである（第 14 章参照）。さらにグローバル化の進展がともなうと，それらは政治問題にも結びつきやすくなる（第 15 章参照）。

　ところで，佐和子もそうであると思われるように，人々が「中流」「下流」などといった表現を用いるとき，こうした所得格差に関する事実を正確に踏まえているとは考えにくい。多くは，現時点での給与水準や将来展望，職業に対する社会的なイメージなどから，漠然と抱かれているものであろう。したがって，こうした「階層意識」の構成は，いわゆる事実をとらえることとは少し異なる問題と考えたほうがよい。とはいえ，社会意識の調査によれば，1995 年・

表 12-2　階層帰属意識の分布

（単位：％）

	1995 年	2015 年
上	1.4	1.7
中の上	27.3	26.9
中の下	49.4	46.5
下の上	16.5	19.9
下の下	5.5	5.1

（注）「かりに現在の日本の社会全体を，このリストに書いてあるように5つの層に
　　　わけるとすれば，あなた自身はこのどれに入ると思いますか」という設問に対
　　　する回答。
（出所）谷岡（2018）より作成（原資料：1995 年「社会階層と社会移動全国調査」，
　　　2015 年「階層と社会意識全国調査」）。

2015 年とも，自らを「上」あるいは「中の上」と考える人は，併せて3割に
も満たない。佐和子と同じように「中の下」と思っている人が，半数近くを占
めて最も多いという結果が示されている[1]（表 12-2）。

▶🎥 「元手」は家族，そして地域

　何はともあれ，木村水産は，「中の下」もとい「川の底から」成長していく
ことによって，地域に埋もれて低生産性を繰り返す経営から脱する手がかりを
つかんだように見える。映画には，このきっかけとなる原資を佐和子が引き出
すシーンが出てくる。開き直った佐和子は，加代子とともに忠男の病床を見舞
う。寝ている忠男を半ば叩き起こすようにして，佐和子は次のようにいう。

　　佐和子：よしっ加代子，おじいちゃんにチューしてもらおっか。
　　　　　　（忠男は加代子の頬に接吻する）
　　佐和子：加代子，あとあれ言って。
　　加代子：おじいちゃん，チューしたんだからお金貸してよ，100 万円。
　　佐和子：よし，よくできた。

●1　吉川（2014）は，過去の階層意識調査を分析し，高度成長期における「一億総中流」
　　は根拠が薄弱であることを示している。また，昨今の下流増大論にも否定的である。

忠男：そんなすごいことよく言えたねぇ。偉いねぇ。すぐ用意するね。

　　　（略）

佐和子：ありがと。そのお金元手にしてさ，会社建て直してみる。

忠男：えぇっ?!

佐和子：うん……まぁ，やってみるわ。

忠男：また突然無茶なこと言って。佐和子，あのなぁ，世の中にはどうに
　　　かなることとならないことがあるんだよ。

佐和子：うん，知ってる。お母さん死んだときから知ってんだ，それ。

　　　（佐和子と加代子は部屋を立ち去る）

忠男：アイツかっこいいよなぁ。何かさらけ出してんだもん。おれ，アイ
　　　ツのこと好きだね。

信夫：よかったじゃん。親子の仲がよくなって。

忠男：それはともかく，とりあえず金ねぇから貸してくれ。

信夫：なんでよ……

忠男：おれの弟，信夫くん。

信夫：何よ……

忠男：おれの弟，公務員の信夫くん［🌐1:26:00〜］

　このやりとりから，佐和子が会社を建て直した資金が，叔父の信夫から出たらしいこともわかる。こういった点も，家族経営の中小企業の現実を映しているといえよう。

　作品では，この直後に，上述した新しい社歌をみなで歌うシーンが続く。佐和子は中小企業だの地方だのと，自身をおとしめることで，従業員に勇気と団結をもたらした。表12-2で見たように，「中の下」が最大多数を占める日本にあって，佐和子の社歌は多くの人が抱く自己認識と正面から向き合っていたからこそ，かえって前向きに周囲を鼓舞することができたといえよう。客観的な事実と，人々の意識および行動の，一筋縄ではいかない関係を思わせて面白いところである。

　佐和子は自分で起業したわけではなく，患う父のために経営者になることを選択した。序盤の彼女に能動性や積極性を見出すことは難しい。そもそも彼女

は，作成した新社歌の歌詞でも，「一度や二度の失敗と駆け落ちぐらいは屁の河童」「駄目な男を捨てられない　仕事は基本つまらない」といっている。これは韜晦から出た言葉ではなく，彼女自身の人生観を正直に吐露したものであろう。

　しかし，こうした人物がリーダーシップを発揮し，難しい事情を抱える地方企業のマネジメントに成功したのである。佐和子に勝算があったわけではない。彼女は通常のリーダーシップ論あるいはキャリア論の教科書には決して出てこないようなやり方をしている。突拍子もない，いかにも作り話でありながら，それでいて現実を踏まえたリアリティを感じさせるものがある。こうしたリアリティをもって照らし出された地域の可能性は，この映画が図らずも示してしまった地域活性化の方途なのかもしれない。

　地域経済を担う経営者の育成は難しいといわれている。しかし，地域に根ざした経営が，家族および地域住民の閉じた密接な人間関係を，負の連鎖から正の連鎖に転換する可能性は，たしかにあるのである。決して優等生ではない主人公の「頑張るしかない」という姿勢が，従業員のみならず，一度逃げたパートナーまで引き寄せる映画の結末は，地域経済発展の観点からも一見に値する。マネジメントに関する勉強も最小限は必要であろうが，教科書では得られない地域のディープな情報は，その地域に骨を埋めることを覚悟した者こそが引き出し，経営に生かせるのだといえよう。

● 参 考 文 献

吉川徹（2014）『現代日本の「社会の心」——計量社会意識論』有斐閣。
クランボルツ，J. D. = A. S. レヴィン／花田光世・大木紀子・宮地夕紀子訳（2005）『その幸運は偶然ではないんです！——夢の仕事をつかむ心の練習問題』ダイヤモンド社。
佐藤博樹・小泉静子（2007）『不安定雇用という虚像——パート・フリーター・派遣の実像』勁草書房。
谷岡謙（2018）「時代・世代でみえる地位アイデンティティの移り変わり——多母集団潜在クラス分析による検討」数土直紀編著『格差社会のなかの自己イメージ』勁草書房，140-155 頁。
労働調査研究・研修機構（2011）「平成 22 年 8 月実施 JILPT『多様な就業形態に関する実態調査』——事業所調査／従業員調査」JILPT 調査シリーズ No. 86。

脇坂明（2003）「右腕が中小企業の経営業績に与える影響」佐藤博樹・玄田有史編『成長と人材——伸びる企業の人材戦略』勁草書房，62-86 頁。

脇坂明（2018）「中小企業では女性活躍は難しいか」『女性労働に関する基礎的研究——女性の働き方が示す日本企業の現状と将来』日本評論社，213-244 頁。

サラリーマンの今昔

第 13 章

高度成長期の階層移動

・スーダラ節 わかっちゃいるけどやめられねぇ（1962 年，日本）

👤 本章の目的

　今の高校生たちや大学生たちに，「将来なりたい職業は何か」と質問したら，どのような答えが返ってくるだろうか。多くが，「まだ決まっていない」と答えるか，もしくは具体的な花形の職業をあげるのではないだろうか。しかし，高度経済成長前の，まだ貧しかったころの日本で同じ質問をしたら，若者たちの多くが「サラリーマン」と答えたのではないかと思う。今では想像もできないかもしれないが，かつてサラリーマンは憧れのワークスタイルだったのである。ところが，日本が経済発展していくなかで，その働き方がだんだんと批判の対象になっていき，若者たちにも嫌われるようになった。本章では，日本のサラリーマンがどのように誕生したのかを振り返ってみることにしよう。

| 作 | 品 | 紹 | 介 |

『**スーダラ節　わかっちゃいるけどやめられね
ぇ**』(1962年，日本，大映，69分)

キャスト　川口浩（石橋信一），川崎敬三
（夢田春夫），ハナ肇（中村渉外
課長），植木等ほか

スタッフ　監督：弓削太郎
脚色：高橋二三
原作：青島幸男

©KADOKAWA 1962

ものがたり　主人公の石橋信一と夢田春夫は，大学を卒業したばかりの新入社員であ
る。貧しい一家の期待を背負って大学に進学し，大企業に就職した。2人は，ほか
に5人いる同期と一緒に中村課長のもとで叱られながら働き始める。仕事だけで
なく，シングルマザーの女性社員や幼なじみの女性との恋愛もあって，大忙しであ
る。

ストーリーは，社長と社長令嬢が渡米することになり，新入社員7人のなかか
ら2人の随行員が選抜されることになったあたりから急転する。これに選抜され
れば，将来の出世が約束され，サラリーマンとしての成功は確実である。7人は上
司の評価を得ようと競争する。しかし，同期たちは，女性社員と付き合って婿養子
になったり，競馬にはまったり，海外企業からスカウトされたり，同僚の身代わり
として北海道へ転勤したり，病気になったりして，1人また1人と脱落していく。
最後に石橋と夢田が残るが，結局，社長の体調不良で渡米は中止となり，それまで
の努力は無駄になってしまう。過度な出世欲にとらわれていた2人は，この一件
で目を覚ます。そして，石橋はシングルマザーの女性社員と，夢田は幼なじみとの
結婚を決める。

■◀ サラリーマンという言葉

はじめに，サラリーマン（salary man）という言葉について解説しておこう。
これは和製英語だといわれている。英語圏で同じような意味を表すときは，一
般的にオフィス・ワーカーが用いられる。ただし，英語にも salaried class（俸
給生活者階級）や，salaried man（俸給生活者），salaried office（有給官職）という

言葉はあり，サラリーマンが日本人が勝手につくった和製英語であるともいいきれない。

　サラリーマンという呼称とその実態を理解するために，サラリーマン研究の代表的著作である梅澤（1997）に基づいて，サラリーマンの誕生を説明しよう。

　サラリーマンとは，俸給（サラリー）を受けて勤務する人である。ちなみにサラリー（salary）の語源は，古代ローマの兵士にさかのぼるといわれている。当時貴重品であった塩（sal）が給与として支払われていたからである。なお，ここでの俸給とは，常勤的な仕事に対して定期的に支払われる固定給，すなわち月給（salary）を意味し，請負給，出来高払い，日給とは区別される。

　以上のようにサラリーマンを月給取りととらえると，日本におけるサラリーマンのはじまりは明治官僚ということになる。明治政府は，1871（明治 4）年に月給制を採用している。ただし，明治時代には，サラリーマンという呼び方は日常的には用いられていなかった。この言葉が多くの人に使われるようになったのは，工業化が進展し，大企業組織が生まれた 1920 年代ではないかといわれている。「サラリーマンとそれに加えて都市部で働く賃労働者の一部からなるいわゆる『新中間層』は，社会階層に重要な位置をしめ，都市化・工業化の担い手として発展して行った」のである（田中・中村，1999）。このころに刊行された，サラリーマンに関する初期文献というべきものに，『サラリーマン論』（吉田，1926）や，『サラリーマン物語』（正・続：前田，1928）がある。とくに後者は，人事労務担当者として活躍し，後に経営者や経済団体の役員も務めた前田一（まえだ・はじめ，1895〜1978 年）の著作で，この本によってサラリーマンという用語が広まったことは有名である。

　ところで，サラリーマンの意味を文字通り月給生活者とすると，現代ではほとんどの労働者がその定義にあてはまってしまう。しかし，この言葉が誕生した 1920 年代，民間企業に勤める背広にネクタイ姿の大卒労働者，つまり大卒事務のホワイトカラーは，イメージ通りのサラリーマンであるが，工場で働くブルーカラーをサラリーマンとは呼ばなかった。

　戦前日本の製造業において，ホワイトカラーとブルーカラーは，仕事内容が違うという以上に「身分」が違っていた。食堂や通用門が分けられている工場もあったし，賃金制度も前者の月給（monthly salary）に対して後者は日給

（daily wage）であった。要するに，月給のホワイトカラーがサラリーマンで，日給のブルーカラーはサラリーマンではなかった。なお，大卒ホワイトカラーであっても，会社役員や弁護士・医者などの専門職は，サラリーマンには含まれない。

　日本では，このようなサラリーマン（ホワイトカラー）とノンサラリーマン（ブルーカラー）の身分的な格差は，戦後になって労働組合運動が拡大するとともに徐々に解消されていったという歴史的経緯がある[1]。そうして現在では，企業内でブルーカラーとホワイトカラーの区別が強調されることは少なくなり，両者に対してともにサラリーマンという呼称が用いられている。

▶ 夢のクレージーキャッツ時代

　本章の作品は1962年に公開された。前年の1961年にハナ肇とクレージーキャッツが同名曲「スーダラ節」を発表し，大ヒットしている[2]。とくにボーカルを担当した植木等は，爆発的な人気を得ることになった。

　作詞の青島幸男は，才人と評価された人物である。放送作家から始まり，作詞家，タレント，小説家としては直木賞を受賞し，政治家としては都知事まで務めた。この映画の原作も，彼が手がけている。

　この時期の日本映画界は，製作頻度が非常に高く，短期間で膨大な数の作品が生まれた。植木等主演の大ヒット作『ニッポン無責任時代』と『ニッポン無責任野郎』も，同じ1962年の公開である。その後も，植木等主演の日本一シリーズ，クレージーキャッツが出演するクレージー作戦シリーズが，毎年製作された。これらは，いずれも1971年に終了する。まさに，クレージーキャッツのシリーズ映画は日本の高度経済成長と併走したといえよう。

　前項で，サラリーマンが増加したのは，工業化が進展し，大組織が生まれた

---

[1]　ホワイトカラーとブルーカラーの区別や変遷については，第4章・第5章も参照のこと。また，高度経済成長期以降，技術革新によってルーティン作業を行う事務従事者が増加すると，ホワイトカラーの相対的地位は低下し，これらの人たちをグレーカラーと呼ぶこともある。他方で，技術革新により，ブルーカラーにも専門的知識が求められるようになっていった。

[2]　同年には「ドント節」も大ヒット，やはり翌1962年に映画『サラリーマンどんと節　気楽な稼業と来たもんだ』が公開されている。

1920 年代であると説明した。しかし，増加したといっても，竹内（1997）が推計するように，1920 年に有業人口に占めるサラリーマンの比率は 5.5 ％，1930 年でも 6.9 ％であり，割合としてはまだまだ少なかった。本格的にサラリーマン層が拡大するのは，太平洋戦争，戦後復興期を経た後，1955 年から 1970 年までの高度成長期であった。

　高度成長期は，サラリーマン人口の拡大期であり，その好景気を背景にして，サラリーマン生活が以下の歌詞に見られるように全肯定されたのである。

　「スーダラ節」（作詞：青島幸男，作曲：萩原哲晶）

　チョイト一杯の　つもりで飲んで

　いつの間にやら　ハシゴ酒

　気がつきゃ　ホームのベンチでゴロ寝

　これじゃ身体に　いいわきゃないよ

　分かっちゃいるけど　やめられねぇ

　ア　ホレ　スイスイ　スーダララッタ

　スラスラ　スイスイスイ

　スイーラ　スーダララッタ

　スラスラ　スイスイスイ

　スイスイ　スーダララッタ

　スラスラ　スイスイスイ

　スイスイ　スーダララッタ

　スーダララッタ　スイスイ

　　　（後略）　　　JASRAC 出 2004641-001

意外な暗さと格差社会

　『スーダラ節 わかっちゃいるけどやめられねぇ』は，その後，数多くつくられたクレージーキャッツ映画とは，その内容が異なる。じつは，曲は大ヒットしたものの，映画の興収はさほどでもなかった。映画としては『ニッポン無責任時代』のほうが圧倒的な大ヒットである。

　大ヒットにならなかった理由として，この映画のあらすじが，人々の想定と

違って，意外にも社会問題を反映した暗い物語であったことがあげられる。ま
ず，主人公の新入社員2人は，大卒者ではあるものの実家は裕福ではなく，彼
らは家族の期待を背負っている。石橋信一は貧しい田舎の出身である。一方，
夢田春夫は東京出身であるが，彼の一家は船上生活者である。映画の冒頭で信
一と春夫の家族は，彼らへの期待を次のように語る。

> 祖父：早う出世してな，おみゃーの学費に売り払った田んぼを買い戻すん
> 　　　だぞ。
> 祖母：信一，偉くなるんだよ。
> 父：信一，出世するんだぞ。
> 母：お前の出世だけが頼りなんだよ［🌐 0:02:54~］

> 祖父：春夫，偉くなんだぞ。
> 祖母：早く出世しておくれよ。
> 父：おじいもおとうもダメだったけど，お前だけは陸の上で住むんだぞ。
> 母：みんなを早く陸の上の家に呼んでおくれよ［🌐 0:03:24~］

　冒頭シーンにおける貧しさの原風景と，信一や春夫の会社がある東京・丸の
内の風景（次ページ写真参照）は，圧倒的な格差を象徴している。1962年の日
本社会には，貧富の差が厳然とあり，それゆえに人々にとってサラリーマンが
憧れの対象になったといえよう。

　本作については，貧しい家の出身の主人公たちが，大学進学を通じて地位の
上昇を実現していることも注目に値する。高度成長期，より高い社会的地位を
獲得するための装置として，学校は機能していたのである。図13-1は，大学
進学率の推移を示している。高度成長期に大学進学率は上昇し，むしろその後
の1970年代に停滞する期間が訪れている。

●3　この映画には，クレージーキャッツのリーダーであるハナ肇は重要な脇役として登場
　　するが，他のメンバーは，役名も明らかでない脇役としての出演である。

丸の内のオフィス街 (1962 年)

(提供)　時事。

図 13-1　大学進学率の推移

(出所)　文部科学省「学校基本調査」より作成。

強い競争意識と明るい未来

　映画では，信一と春夫を含めた 7 人の新入社員が出世競争を繰り広げる。本作は，大企業のサラリーマンという働き方は，雇用の安定をもたらす反面，そのなかでは激しい競争を生き抜かなければならなくなるという現実を描いている。とはいえ，出世競争は，会社が拡大し昇進ポストも増えていた 1960 年代には，それほど深刻ではなかったと考えられる。石油ショック以降の 1970 年

代のほうが，さらには従業員が高齢化する1980年代のほうが，より厳しいものとなる。そして，1990年代以降の長い不況期に，その深刻さは加速していった。そうしてサラリーマンは若者たちにとっての憧れの対象から転落し，「会社人間」や「社畜」という言葉で表現される，忌み嫌われる存在になっていったのである（第5章も参照）。それを思うと，この作品は，日本のサラリーマンの厳しい将来を暗示していたといえるかもしれない。

　しかし，現代の私たちの目には，主人公たちは，出世競争という苦しさはあれども，サラリーマンであることを謳歌しているように見える。出世から距離を置き，自分の結婚相手と新しい生活を歩もうと決めた信一と春夫に，植木等演じる酔っ払いのサラリーマンが，次のような「サラリーマン宣言」をする。物語のなかに唐突に表れる，この宣言からは，高度成長の前期に新しいワークスタイルを生み出そうとしていた人々の「強い意思」が感じられるといったら，いいすぎなのだろうか。

　　まあ，サラリーマンの歩む道は，長い長いマラソンのコースみたいなもんだ。最初からあまり飛ばしすぎても落伍する。また，怠けすぎても落伍する。聞くところによるとアメリカ行けなくなったそうだが，本物のサラリーマンになるのはもっと難しい。ちょいと見ると，俺なんか年がら年中酒喰らっているように見えるかもしれない。しかし，仕事するときはちゃんとやっている。いわば自己のペースで悠々と突っ走っているってわけだ。灯ともしごろになれば2日と空けず酒を飲み，歌を歌い，明日への英気を養う。われこそはサラリーマンの花である［🌐 1:07:04］

「自己のペースで悠々と突っ走っている」という発言は，その後の日本のサラリーマンの働き方を考えると，事実とは異なっていたといわざるをえない。あまりにも楽観的な理想主義だったといえよう。では，この未来に対する明るさの「正体」は何なのだろうか。

　1960年代，進学および就職とは，親と異なる職業に就くことであった。つまり，高度成長期以前には，ノンサラリーマンの子どもはノンサラリーマンになっていたのが，高度成長期に，ノンサラリーマンの子どもがサラリーマンに

COLUMN about words

キャリアツリー法

　出世競争を分析する手法に，キャリアツリー法というものがある。これは，同期入社の社員のその後の昇進を追跡し，分岐図で示す手法である。下図は，1975年入社の60名のキャリアツリーの分析結果である。図中の四角い枠のなかに書かれた数値は昇進人数，枠の上が入社からの勤続年数，枠の下のカッコ内に退職人数を示す。また，最下部のアミかけされた数値は，上が各役職への到達人数，下が同期入社のうち各役職に何割の人が到達したかを示す「昇進率」である。

　このキャリアツリーから，昇進競争では，係長昇進が8〜9年目で1年の差，課長昇進は15〜17年目で2年の差が生じていることがわかる。このような傾向は，「遅い昇進慣行」といわれ，他の日本企業でも確認された傾向である（小池，2005）。松繁（2005）は，「長期雇用を促進しつつ，徐々に差がついていく長期競争の世界」を，マラソン型競争メカニズムと定義している。昇進競争の結果（勝ち負け）がなかなか明らかにならないので，大多数の従業員に競争に向かう誘因を与え続ける設計になっている。反面，決定的な選抜が遅いことで，アメリカ企業で観察される特急組のように，早期選別に基づくエリート教育ができないことが，人材育成上の弱点にもなりうる（第4章も参照）。

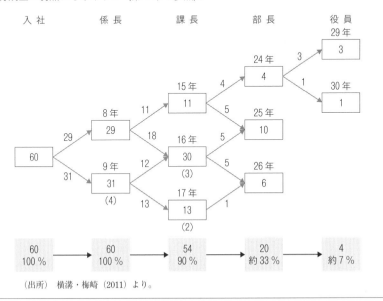

（出所）　横溝・梅崎（2011）より。

図 13-2　職業構成の推移（1953〜1975 年）

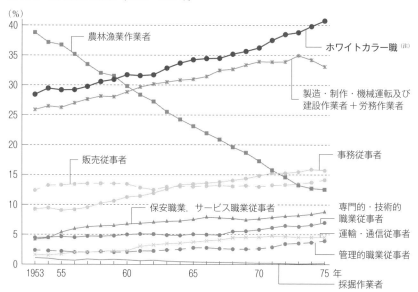

（注）　専門的・技術的職業従事者，管理的職業従事者，事務従事者，販売従事者の合計。
（出所）　総務省統計局「労働力調査」より作成。

なるという形に変化したのである。図 13-2 に，職業構成の推移を示している。高度成長期以前は圧倒的多数であった農林漁業作業者が，高度成長とともに減少していったことがわかる。図中の「ホワイトカラー職」とは，「専門的・技術的職業従事者」「管理的職業従事者」「事務従事者」「販売従事者」の合計を指す。同時期に，これらの職業の人数合計が増加していったのである。

　親世代が経験しなかった（できなかった）ことを経験することは，未知に向けて試行錯誤する楽しみを生むのだろう。そのうえ，親世代よりは確実に豊かになるであろうという予測をともなう好景気のなかで，働く人たちは，サラリーマンという夢の生き方をつくっていこうと思っていたのではないだろうか。

▶ その後のサラリーマンたち

　1960 年代の建設的な明るさが，その後，変貌することは，すでに指摘した通りである。たしかに日本社会は，1970 年代，1980 年代にも，どんどん豊か

になっていった。しかし，未来に夢を見られる時代は終わったのである。

　バブルが弾ける直前の 1988 年に製作された『会社物語 MEMORIES OF YOU』
は，ハナ肇とクレージーキャッツのメンバー 7 人が全員出演した最後の作品で
ある。7 人がそれぞれ役を演じてはいるものの，見る側はメンバー本人に重ね
合わせて高度成長の記憶を呼び起こす。植木等が演じる上木原等が，酒に酔っ
て「今の日本は俺たちがつくったんだぞー」と叫ぶシーンを見ると，市川準監
督もクレージーキャッツへのオマージュとして，そして高度成長を支えた人々
への敬意を込めて，この映画を製作したに違いないと思われる。

　主演のハナ肇が演じる花岡始は，勤続 34 年で定年退職を間近に控えた 57 歳
の課長である。[4] 部長にもなれず，定年後の仕事も見つからず，家族も問題を抱
えている。彼は，自分の会社人生を振り返り，次のように独白する。

> 　勤続 34 年，勤め上げたというよりも，この会社で暮らしてきたというの
> が，今の正直な気持ちです。もちろん仕事もしたけれど，一緒に飯を食い，
> 酒を飲み，花見をし，将棋を指した仲間たち。何かの不思議な縁でめぐり
> あったたくさんの人々との触れ合いが，私にとっての会社でした。なかに
> は女房より多くの時間を過ごした人もいる。息子より語り合った部下がい
> る。オフィス街にはふさわしくない言葉かもしれませんが，この場所は 1
> つの村であったような気がします [🌐 0:48:43]

　これは，主人公が自身の会社人生の終わりに感じた喪失感から生まれた台詞
ではあるが，その個人的な喪失感の台詞が，私たちには，村としての一体感を
持ったサラリーマン社会全体の終わりを意味しているようにも聞こえるのであ
る。

● 参 考 文 献
梅澤正（1997）『サラリーマンの自画像——職業社会学の視点から』ミネルヴァ書房。

●4　1980 年代末ごろは，多くの企業で定年年齢が 55 歳から 60 歳へと引き上げられる移
　行期だった。

小池和男（2005）『仕事の経済学（第3版）』東洋経済新報社。

竹内洋（1997）「サラリーマン型人間の誕生と終焉」中牧弘允・日置弘一郎編『経営人類学ことはじめ——会社とサラリーマン』東方出版，223-235頁。

田中秀臣・中村宗悦（1999）「忘れられた経済誌『サラリーマン』と長谷川国雄」『上武大学商学部紀要』第10巻第2号，1-22頁。

前田一（1928）『サラリーマン物語』正・続，東洋経済新報出版部。

松繁寿和（2005）「人事制度改革の多重性とマラソン型競争メカニズム」松繁寿和・梅崎修・中嶋哲夫編著『人事の経済分析——人事制度改革と人材マネジメント』ミネルヴァ書房，1-15頁。

横溝岳・梅崎修（2011）「製造業における職能別キャリア管理の実態——人事マイクロデータの分析」『キャリアデザイン研究』第7号，101-117頁。

吉田辰秋（1926）『サラリーマン論』大阪屋号書店。

格差が生み出すもの

能力か，不平等か

第 14 章

・**天国と地獄**（1963 年，日本）

 本章の目的

　本章では，有名な黒澤明の映画『天国と地獄』を取り上げて，格差が呼び覚ます人間の根源的な負の側面を考えてみる。

　すべての人が同様な潜在能力を持って生まれてくるわけではない。さらに，生まれ落ちた環境や置かれている状況により，能力を身につけられなかったり，身につけても発揮できなかったりする場合がある。社会はますます成果を求めるようになっているが，一方で生まれ落ちた家庭や育つ環境は異なったままであり，同じ努力をしても身につけられる能力や生み出せる成果に差が生じる。また，社会の変化とともに求められる能力も変わっていくため，ある時代には強く求められた能力が，別の時代にはまったく求められないということも起こりうる。有能と見なされ高い評価を得た人物が，時代が移り変わってしまいまったく活躍できなくなるといったことが生じうるのだ。

　このように多くの偶然が重なって成果が生まれるのだとすれば，完全にそれに応じて評価や報酬を決定することが，公正とはいいきれなくなる。また，能力や努力を反映しないものが成果として評価されたり，成果に基づいた評価の結果として格差が不当に感じられるほど大きくなりすぎたとき，人々は自分の不幸を呪い，社会や組織に反感を抱く。

```
作 品 紹 介
```

『天国と地獄』(1963 年，日本，東宝，143 分)

キャスト　三船敏郎（権藤金吾），仲代達矢（戸倉警
　　　　　部），山崎努（竹内銀次郎）ほか

スタッフ　監督・脚色：黒澤明
　　　　　共同脚色：小国英雄・菊島隆三・久板栄二
　　　　　郎
　　　　　原作：エド・マクベイン（『キングの身代
　　　　　金』ハヤカワ・ミステリ文庫）

ものがたり　製靴会社ナショナル・シューズの工場担
　　当常務である権藤金吾は，従業員の子どもを誘拐し
　　た犯人から身代金の支払いを要求される。それに応
　　えるかどうかに苦悩する彼の姿を描きながら，犯人
　　である竹内銀次郎の逮捕にいたるまでの捜査過程を

「天国と地獄【東宝 DVD 名作セレクション】」
DVD 発売中
発売・販売元：東宝
©TOHO CO., LTD.

扱った作品で，手段を駆使して解決にいたる面白さはサスペンスとして高い評価を
得ている。

　また，利己と利他の間の深いジレンマも，1つのテーマになっている。竹内は権
藤の子どもを誘拐し身代金を要求する計画を立て実行する。ところが，間違って権
藤の運転手の子どもを誘拐してしまう。しかし，権藤の子どもでないとわかってか
らも，竹内は権藤に対して身代金 3000 万円を要求し続ける。子どもの命を救うに
は身代金を払わなければならないが，じつは権藤は，経営における自分の権利を確
保するために 5000 万円を投じて株を買い集めなければならない必要に迫られてお
り，それができなければ会社も地位も失ってしまうという状況にある。他人の子ど
もを救うために，自分が育ててきた会社，これまで積み上げてきた努力の結晶を捨
てられるかという選択に直面し，権藤は苦悩する。

　本作が描いたのはそれだけではない。自分の生い立ちを受け入れられなくなって
出生を呪うほどの格差が存在するとき，漆黒の「悪」が覚醒することを明らかにし
ている。権藤と竹内の間に，個人的な人間関係はまったくない。2人の間の格差が，
竹内のなかで社会に対する恨みの感情を増幅させ，権藤を社会的に窮地に追いやる
ことが生きる目的となって，彼を犯罪に走らせたのである。

📹◀ 競争原理の事前と事後

　本作の英語タイトルは *High and Low* といい，映画の設定やサスペンスの背後に隠されたテーマを，よりはっきりと明示している。権藤は，街を見下ろす高台の白亜の豪邸に住んでいる。一方の竹内は，窓から権藤の家を見上げる狭い部屋に住んでいる。刑事が暑い夏の日差しのなかを歩き回って捜査を進める途中で，犯人が住まう裏町から高台の権藤邸を見上げ，汗を拭きながらいう台詞が象徴的である。

　　ここから見上げると，たしかにあの家はちょっと腹が立つな。まったくお
　　高くとまりやがるって気がするぜ［🌐 1:01:58］

　まず，黒澤の描きたかったことを理解するために，格差というものに改めて目を向けて，私たちが住んでいる社会をとらえ直してみよう。

　格差の源泉の1つは所得である。現代の日本のように，経済活動によって所得を生み出している社会においては，所得税や社会保険料などを引かれる前の所得，すなわち再分配が行われる前の所得は，基本的に個人の経済的成果である。より多くの，あるいはより価値の高い財やサービスを提供できる高い生産性を示す者が，高い報酬を受け取ることを，近代的経済社会は容認している。人々は，よりよい生活を送るために高額の報酬を得ようとして，努力し働き続ける。

　では，生産性は何によって決定されるのか。経済学がまず注目したのは能力である。能力の高い者は，低い者よりも，同じ時間内でより多くの成果を上げる。熟練者は未熟練者よりも速く仕事をこなし，同一時間内により多くの製品をつくり上げるし，不良品の数も少ない。同じ仕事をしていても，能力によって大きな違いが生まれる。

　加えて，報酬が生産性によって決まるという意識が社会にいきわたると，高い報酬を得ていることが優秀であることの証のように見なされるようになる。人々は，自己の能力の高さを示すためにも，高い報酬を求めて意欲を持ち続ける。この場合，本質的に問題となっているのは報酬額の順位であって，額の大

きさではない。すでに一生かかっても使いきれないほどの富を獲得しても，あるいは普通の人の数十倍もしくは数百倍以上の所得や資産を手にしていても，高い意欲を維持して働く欧米の経営者や資産家の関心は，ライバルに引けをとらない報酬を得ているかどうかにもあると思われる。

　さらに，努力を限界まで引き出そうと，成果に応じて報酬を大きく変動させる手段が編み出される。仕事を発注した側は，相手から最大限の努力を引き出したい。そこで成功報酬をたっぷりと弾むこととし，失敗した場合はできるだけ支払い額を小さくするような報酬メニューを提示する。仕事を引き受けた者は，成功したときと失敗したときの落差を気にし，あらん限りの力を尽くして，少しでも成功する確率を上げようとする。

　このような支払い制度の典型的なケースとしてよく例に出されるのが，テニスやゴルフの大会における賞金である。チャンピオンに輝いた者と次点に終わった者に与えられる賞金の差が非常に大きく，しばしば数倍にも及ぶ。両者の間に能力差があまりなく，試合も接戦となってわずかなスコアの差で勝敗が決するような場合でも，あるいは，事前にそうなることが濃厚であると予想されている場合でも，報酬には大きな差がつけられている。

　この大きな格差を意識し，プレーヤーはすべてを出しきって戦う。たとえ大勢が決したと思われるような状況でも，最後まで一縷の望みを捨てない。勝ったときに手に入る報酬と栄光を，簡単に諦めるわけにはいかないからである。

　このやり方を一般的な企業における処遇制度に応用すれば，業績によってボーナスを大きく変動させたり，職位の上下に基づいて大きな報酬格差を設けたりすることで，従業員の努力を引き出せるということになる。そもそも業績や能力の差はわずかで，結果の差も運次第というような状況においても，偶然に頼ったり不運を理由に努力を控えたりはせず，人々は懸命に働き続ける。

　そうした結果，勝敗が決定した後，すなわち成果が明らかになった後の報酬格差は，能力の差以上に開くことになる。社会や組織全体を見渡した場合，所得分布の広がりが能力分布の広がりよりも大きくなる。敗者は，ライバルが自分と大差ないにもかかわらず，ほんの少しの努力の違いやたまたまの偶然によって勝利を手にし，はるかに豊かな生活を手に入れているという，厳しい現実に直面して生きていかざるをえない。

怨嗟の生成

　以上の議論は，近代的な経済社会においては当然のこととして受け入れられている。しかし，このような報酬体系が成立するには，少なくとも，成果を個人の能力や努力に還元することが可能であるという前提が満たされていなくてはならない。あるいは，能力は個人が自ら獲得し，努力も他者の手を借りずに行っていることが前提となる。

　ところが，これらの前提は，つねに満たされているわけではない。それどころか，満たされることがないといったほうが正しい。まず，能力から考え直してみよう。一口に能力といっても，さまざまなものがある。運動能力に優れた者もいれば，学業に優れた者もいる。数学を得意とする者，音楽を得意とする者，色彩感覚に優れた者，さらにいえば，視力のよい者，嗅覚の優れている者，暗記を得意とする者，指の長い者，ウイルスに強い者，寒さあるいは暑さに強い者など。

　社会に出たときに保持している能力は，どのように形成されているのだろうか。能力は，先天的に獲得されたものと後天的に獲得されたものに分けられる。前者は持って生まれた才能，すなわち両親から受け継いだDNAによって決定される部分である。後者は生まれた後に身につけるもので，家庭における教育，学校教育，あるいは社会環境や人間関係など，その人を取り巻いてきたあらゆる要素が影響する。

　親と子どもの性質や才能の相関を経験的に観察し，「蛙の子は蛙」などということがある。しかし，この言い回しには，家庭環境の影響をとらえずに，DNAの役割を過大評価する危険性がある。つまり，才能あふれると思われる人物を評する際，背後に彼らの親をイメージし，親の持つ才能を受け継いだ結果と考えられることはめずらしくないが，このとき，親がつくった環境で子どもが育ったという側面が十分に考慮されているとはいいがたい。

　たとえば，相撲の親方の子どもに，親の体格や運動能力が遺伝する可能性はもちろん高いが，相撲部屋で育ったという側面からも大きな影響を受ける。日常的に力士たちの稽古を目にする機会があるなかで，さまざまな技を観察したり，稽古の重要性や心構えを感得するであろうことは想像に難くない。さらに，

COLUMN about words

遺伝子の影響

　遺伝子や家庭環境における差が，どの程度，その後の人生，たとえば学習成績，社会経済的地位，所得等を決定するかに関しては，双生児のデータを使って推定されることが多い。イギリス，ヨーロッパ，アメリカ等でこの分野の研究が行われており，日本でも Vu and Matsushige（2016）などがあるが，人生の多くの側面でかなりの部分を遺伝子が決定するという研究成果が示されている。

　ただし，これらの多くは先進国で行われた研究であり，ある程度安定した社会に限られる結果といえるかもしれない。第15章で取り上げる『やさしくキスをして』の主人公の父親はパキスタンからの移民だが，インド・パキスタン分離独立の動乱で一卵性双生児の弟を失っている。2人の人生は大きく引き裂かれ，人生の結果は大きく異なっている。持って生まれた遺伝子が十分に発現し結果と結びつく社会と，不確実な要因や運の差が圧倒的な社会では，研究結果は異なるかもしれない。

　相撲取りとしてのキャリアや人生を具体的にイメージできるようになるという利点もあるだろう。特定の環境において力をつけてそれを発揮するための知識は，当然，後天的に獲得するものである。才能は，それが発芽され育成される環境が整っていなければ開花しない。

　また，そもそも DNA も環境も，個人が意図して獲得できるものではないという事実も無視できない。どちらも完全に与えられたものである。子どもは親を選択することができない。生まれ落ちる環境も選択できない。どのような家庭，地域，社会，国，時代に生まれるかは運命である。基本的な性質や能力が形成される幼少期，家庭を中心とした環境を管理・コントロールする力は子どもにはない。能力の大半は自分ではどうしようもない運によって決定されているということになる[1]。

　では，努力についてはどうだろうか。努力をすること／しないことは，完全

●1　『そして父になる』（2013年）は，出生時に病院で取り違えられ他人の子どもを育ててきたことが明らかになった後の父親の心情を描いた作品である。遺伝と家庭が自ら選択できないものであるということの，子どもにとっての重さを考えさせられる。

に個人が決定できるのか。困難に立ち向かい努力を怠らない人物には，惜しみない称賛が送られることが多い。コツコツと努力を積み重ねることは美徳とされている。しかし，努力できる者もいれば，できない者もいるのは，どうしてなのだろうか。そこにも，個人では管理できない要因があるのではないか。

　もし，努力をするという特性が遺伝的に決まったり環境によって後天的に育成されたりするものであるとすると，努力をする／しないが，すべて個人の問題であるとはいえなくなる。まず，努力を積み重ねることの重要性を教えられる必要があり，さらに，努力を持続する精神が育成されなければ，努力をする人物には育たないのかもしれない。

　実際，学習環境の変化により突然勉強をし出す子どもがいる。あるいは，憧れの人物との出会いが刺激になって，ものごとに取り組む姿勢が変化し，その後の人生に大きく影響することもある。努力を始める誘因が外的に与えられることは多いのである。それらの機会を得られるかどうかは，子どもにはコントロールできない。

　さらに，同じ努力を重ねても，その方向性が正しくなければ成果に結びつかない。不適切な教育や訓練がいくらなされても，成長は望めない。たとえばスポーツ選手が適切なアドバイスを受けることでめざましい成長を見せることはよくあり，したがって，優れたコーチの招聘や国をあげての育成環境の整備が結果を大きく変える。成果を生み出すほうへと努力を方向づけ，さらに努力を引き出しうるような環境を整備する必要性を考えると，努力というものも完全に個人に還元できるとはいえなくなってしまう。

格差が生み出す闇

　賃金に格差をつければ労働意欲がかき立てられて生産性を上げることができると主張する，経済学のインセンティブ理論や企業現場における成果主義が，日本で幅を利かせていた時期に，海外ではそのような方向に社会を向かわせることに強く警鐘を鳴らす研究成果も示されていた。その代表的な研究の1つがリチャード・ウィルキンソンによるもので，そこには，格差の広がりが，他人に対する不信感を醸成し，死亡率を上げ，平均寿命を短くするという結果が示されている（Wilkinson, 2005）。

とくに，本章で取り上げた『天国と地獄』との関係において興味を引くのは，格差が大きな社会では犯罪率が高くなるという指摘である。アメリカとカナダの各州に関して，所得格差と殺人率の間には正の関係が観察され，同様の関係は各国の所得格差と殺人率の間にも観察されるという。ウィルキンソンは，これらの現象の背後には，格差が生み出すストレスがあると主張している。

　このように，自分では超えられないものが社会に存在し，それが社会経済的地位を含めて人生を決定づけていると認識するようになったとき，人はその恨みをどのように解消するだろうか。

　映画で，犯罪を実行する竹内とその対象となった権藤の間に個人的な接点はない。竹内は自分の不幸な生い立ちと過去に味わった苦悶に心を支配されているが，権藤も決して何の苦労もなく人生を過ごしてきた人間ではない。16歳で見習い工から始めてキャリアを積んできた叩き上げの経営者で，よい靴をつくることに情熱を傾ける職人気質であり，工場の従業員たちにも高く評価されている。そうしたことを竹内は知らない。夏は堪らなく暑く，冬は耐えきれないくらい寒い，狭い部屋の窓から，丘の上の白い邸宅を見上げ，そこに権藤が住んでいるというだけのことが，犯罪を生んでいるのである[2]。

　最後のシーンで交わされる権藤と竹内のやりとりは象徴的である。

　　権藤：君はなぜ，君と私とを憎み合う両極端として考えるんだ。
　　竹内：……私のアパートの部屋は，冬は寒くて眠れない，夏は暑くて眠れ
　　　　　ない。その三畳の部屋から見上げると，あなたの家は天国みたいに見え
　　　　　ましたよ。毎日毎日見上げているうちにだんだんあなたが憎くなってき

●2　竹内は病院のインターン（現在の研修医）である。現在，医師の年収は，中央社会保険医療協議会（2017）によれば1488万円，厚生労働省「賃金構造基本調査」によれば1161万円（2018年，企業規模計10人以上）と，就業者の平均所得よりもはるかに高い。映画がつくられた当時においても，同時期の小説『白い巨塔』（山崎，1965-69）に描かれたように，医師の社会経済的な地位はきわめて高かった。したがって，竹内も順調にいけば将来的にはかなり豊かな生活が手に入ったと思われるが，過去と現在が彼を歪ませてしまった。ちなみに，原作となったアメリカの小説『キングの身代金』（マクベイン，1977）における犯人は，生い立ちが恵まれない点は映画と同じであるが，単なるコソ泥である。

た。しまいにはその憎悪が生きがいみたいになってきたんですよ [🌍
2:19:58 ～]

📹 格差の拡大と社会の閉塞

　こうして見てみると，格差の大きさは社会全体の安定や健全さ，また，そこ
で暮らす人々の幸福に深く関係することがわかる。では，日本における格差は
どのような水準にあるのだろうか。それは拡大しているのか，それとも縮小し
ているか。社会における地位が，世代を超えて固定的になっているかどうか。

　国際的に見ると，日本の所得格差は決して小さいとはいえない。所得等の配
分の偏りを表すジニ係数でも，相対的貧困率でも，日本は先進国のなかでは比
較的格差の大きい国に属する（労働政策研究・研修機構「データブック国際労働比
較 2018」188-190 頁）。格差が小さいのは，デンマークやフィンランドなど社会
福祉制度を整えている北欧の国々で，逆に格差が大きいのはアメリカやイギリ
スなどの自由主義的経済政策を進めている国々である。日本は，両者の間に位
置する。

　日本において格差は広がっているのだろうか。過去数十年を見ると，所得再
分配前の所得格差の拡大は顕著であるが，再分配後の所得格差はそれほど広が
ったわけではないことがわかる。一方，貧困率は，変化の幅は小さいものの上
昇傾向を示している。森口（2017）は，「1980 年代以降の少子高齢化と世帯構
造の多様化，さらに 1990 年代以降の長期不況は，日本型平等社会の前提条件
を大きく揺るがし，既存の制度には包摂されない社会の構成員（すなわち高齢
単独世帯，母子世帯，非正規世帯，無業世帯）が増大し，相対的貧困率が上昇し
た」と述べ，「近年の日本における格差拡大の特徴は，富裕層の富裕化を伴わ
ない『低所得層の貧困化』」にあるとしている。[3] 低所得層のさらなる貧困化は，
『天国と地獄』に見られるような社会問題の発生を予見させる。

　もう 1 つ重要な側面は，社会における位置の固定化である。格差が存在して
いたとしても，努力により貧困から抜け出すことが可能と思える社会であれば，

●3　このことは，厚生労働省「平成 29 年版 厚生労働白書」等に収められた統計にもはっ
　きりと反映されており，確認することができる。

希望を完全に失うことなく，反社会的行動に出ることも少ないかもしれない（第13章も参照）。しかし，貧しい家庭に生まれた子どもは貧しいままであり，努力のしようもなく，よりよい生活やより高い地位，あるいは他者からの評価や周囲からの承認を得ることのない人生に，若いときから直面せざるをえないとき，人はどのような思いで人生を過ごすであろう。社会への帰属意識を抱けなければ，決してその社会に貢献しようとはしないだろう。

　日本では，子どもの貧困問題が深刻度を増している（阿部，2008）。上述の通り，日本の相対的貧困率は，先進国のなかでも決して低いほうではない。とりわけ子どもに関して，その問題は深刻である（鳫，2013）。昨今，子どもが置かれた悲惨な状況を想像させる事件が日々のニュースでも取り上げられている。また，「不利を背負った子どもは大人になってからも貧困から抜け出すことが難しくなり，次の世代の子どもたちに不利が引き継がれる。貧困は世代を通じて引き継がれるようになった」という。いわゆる「貧困の連鎖」が生じているのである（阿部，2014）。

　これは，子どもが恵まれない状態に置かれているという問題それ自体にとどまらない影響を有する。貴重な未来の人材プールの一部が活力を失っていることを意味するからである。少子化の進展により若年層の人口は減少し続け，国内からの新たな労働力の供給は先細っていくにもかかわらず，多くの子どもたちが，少年期においてすでに自分の未来に希望を抱けなくなっており，向上心を失い目標に向かって努力する意欲を持てないでいる。

　問題がそれだけで終わらないことを，『天国と地獄』は示唆している。社会を構成する市民の精神的健康や行動規範，それらに支えられた社会の健全さ，安定・安心という社会的基盤が，崩壊するかもしれない。前項で見たように，映画の最後の場面で竹内は，生まれ育った環境と今の境遇への恨みを吐露する。白亜の館に抱いた怨嗟が，竹内をして何の罪もない権藤の生活を破壊し社会を震撼する事件を起こさせた。今の子どもたちが，生まれながらに背負った「いわれのない不幸」に強い負の感情を持つとき，社会は容易に解きほぐせないもつれを抱え，闇を内包することになる。

▶ グローバル化と格差の拡大

　この映画が描き出した格差と出口のない閉塞感から生じる問題は，今日のグローバル化した世界にもあてはめることができる。恵まれない環境に生まれ，教育も受けられず未来を描けない貧しい国の人々が，日本を含む先進国で生活する者たちを見るとき，どのような感情を抱くだろうか。

　先進国と途上国の間には大きな経済格差があり，しかもそれが縮まらないということが，問題になっている。これまでは，貿易により国家間の格差はいずれ解消に向かうと予想されてきた。GATTやWTOに基づく自由貿易体制が長年維持されてきたのにも，経済学的な裏づけがあった。

　にもかかわらず，国家間には強固な経済格差が存在している。Piketty（2014）は，世界的な格差の拡大に対し，学術研究によって問題提起をした。彼は，多くの国の長期的なデータを集めて分析し，富の分配が資本への分配に偏ること，とりわけ1980年以降は金融資産からの収益が増大して「資本」収益率の上昇と労働への分配率の低下が顕著になっていることを示した。すなわち，金持ちはより収益が上がる金融資産に投資し，さらなる富を手に入れる。それを繰り返すことで，ますます豊かになっていく。一方で，労働しか富を得る手段を持っていない者にとっては，成果の分け前が小さくなっていくというのである。

　Oxfam（2017）は，世界の上位わずか1％の超富裕層の資産が，残り99％の人々が持つ資産の合計より多くなっているという，衝撃的な研究結果を世界に投げかけた。さらに，その2年後には，世界の大富豪トップ26人が所有している富は，世界人口の下位半分にあたる約38億人が持つ富と同じであること，また，世界で生み出された新たな富の80％以上は最も豊かな富裕層にいき，上述の38億人には1％に満たない富しか届かなかったことなど，貧富の差が拡大し続けていることを示している（Oxfam，2019）。

　日本は，勤勉さをもとに経済成長を成し遂げてきた。その道程は，つねになだらかだったわけではない。いくつかの困難があり，苦労と苦心を重ねた時期もある。また，すべての人が果実を味わっているわけでもない。しかし，今まさに，貧困に苦しみ，自己の将来や国家の未来を描けない国で現実に向かい合っている人々が，数多く存在する。彼らの目に，豊かさを享受し不自由なく生

活している日本人の姿は，どう映るであろうか。『天国と地獄』が描き出した
「いわれのない不幸」と，それが人間のなかに生み出す闇の深さを，私たちは
意識し直す必要がある。

■■◀ 幸運に恵まれて生きる

本作は，現在の日本に生きる私たちにも問いかけてくるものがある。今の日
本で，この映画に描かれているような風景を目にすることはほとんどない。道
路は舗装され，車のタイヤが水溜まりを走り抜ける際に無遠慮に水しぶきを上
げるようなことはあまりない。オフィスにはエアコンが入り，東海道にはのぞ
みが走っている。

しかし，現在の日本に生きているという幸運を，自分の手で獲得した者は誰
一人いない。功成り名遂げた者であっても，それはさまざまな偶然の結果であ
る。まず，この時代に生まれえたことは努力の成果ではない。オリンピアンに
代表されるようなスポーツで活躍しているアスリートは，誰よりも努力を重ね
てきたに違いない。しかし，オリンピックが開催されている時代を選択できた
わけではない。人類の歴史を振り返れば，平和の祭典などなかった時代のほう
が，はるかに長い。

学業に秀で，大学に進学できた者もそうである。文字を読む能力や数を操る
能力が社会的地位の獲得に寄与する時代も，長い歴史のなかでは皮相ともいえ
るわずかな時間しか占めていない。難関大学に通っている学生が，狩に出て野
を駆け獣と戦うことが求められる時代に生まれていたら，いかばかりの貢献が
できたであろう。そこまで時代をさかのぼらなくともよい。戦で領土を奪い合
っていた時代に眼鏡が必要な武士が生き残れるかを想像してみればよい。現在
に生きる個々人が成果を出し，高い評価を得ているということの前提には，手
に入れた能力を生かせる時代に生まれたという幸運があるのである。

時代を現在に限っても，同様のことがいえる。映画を見て心を震わせたり，
色鮮やかなスイーツを堪能したりできる国は，一握りに過ぎない。ナイキの
シューズを履くことができず，科学的なトレーニングを受けることなど望むべく
もない天才は，数多くいる。何万冊もの本が揃い静寂な空間で心ゆくまで知に
浸れる図書館に，一度も足を踏み入れることなく人生を終える幾多の才能のこ

とを，この日本に生まれた者は忘れてはならない。餓死することもなく胸に弾
丸を受けて死ぬこともない幸運を手に入れた者は，それらを手に入れられない
者たちに幸運を分け与える義務があるのではないだろうか。救われなければな
らないのは，国を追われ新天地を求める途中で海に沈む幼子たちであって，日
本に暮らす私たちではないように思う。

● **参 考 文 献**

阿部彩（2008）『子どもの貧困——日本の不公平を考える』岩波新書。

阿部彩（2014）『子どもの貧困Ⅱ——解決策を考える』岩波新書。

鳫咲子（2013）『子どもの貧困と教育機会の不平等——就学援助・学校給食・母子家庭
　　をめぐって』明石書店。

中央社会保険医療協議会（2017）「第 21 回医療経済実態調査（医療機関等調査）報
　　告——平成 29 年実施」。

マクベイン，エド／井上一夫訳（1977）『キングの身代金』ハヤカワ・ミステリ文庫。

森口千晶（2017）「日本は『格差社会』になったのか——比較経済史にみる日本の所得
　　格差」一橋大学経済研究所（IER）発行ディスカッションペーパー A. 666。

山崎豊子（1965-69）『白い巨塔』正・続，新潮社。

Oxfam（2017）"An Economy for the 99%," Oxfam Briefing Paper.

Oxfam（2019）"Public Good or Private Wealth," Oxfam Briefing Paper.

Piketty, Thomas／Arthur Goldhammer trans.（2014）*Capital in the Twenty-first Century*,
　　Belknap Press of Harvard University Press.（山形浩生・守岡桜・森本正史訳『21 世
　　紀の資本』みすず書房，2014 年）

Vu, Tien Manh, and Hisakazu Matsushige（2016）"Gender, sibling order, and differences
　　in the quantity and quality of education: Evidence from Japanese twins," *Asian
　　Economic Journal*, vol. 30, no. 2, pp. 147-170.

Wilkinson, Richard G.（2005）*The Impact of Inequality: How to Make Sick Societies
　　Healthier*, Routledge.（池本幸生・片岡洋子・末原睦美訳『格差社会の衝撃——不
　　健康な格差社会を健康にする法』書籍工房早山，2009 年）

国境を越えた労働移動

第 **15** 章

外国人労働者・移民

- **この自由な世界で**（2007 年，イギリス゠イタリア゠ドイツ゠スペイン）
- **やさしくキスをして**（2004 年，イギリス゠イタリア゠ドイツ゠スペイン）

本章の目的

　少子化が続いている結果，日本の生産年齢人口は 1990 年代半ばをピークに減少し続けている。また，若い人の数が減る一方で，定年を過ぎた高齢者の数が増え，前者が支えなければならない後者の人数が増加している。この負荷を抱えながら，社会全体をどう維持し繁栄させていくかは，日本の大きな課題である。

　解決方法の 1 つは，海外から労働力を受け入れることである。これには，短期的なものと長期的なものがある。前者は，かつてのドイツにおけるガスト（ゲスト）・アルバイターや日本の技能実習といった名目での受け入れであり，後者は，移民という形での受け入れである。

　短期的な受け入れの場合，受け入れる側は，労働者たちのことを，短期間出稼ぎにきた低賃金労働者としてしか見なさない。よって，時間をかけて能力を開発しようとはしないし，社会も彼らが抱える家族や社会的な背景を強く意識することはない。結果，市民と彼らの間に断絶が生じ，双方の不信と反目がさまざまな社会問題を生み出す原因にもなる。

　長期的な受け入れの場合であっても，移民してきた者たちは，永住権や市民権を得た後も長い苦悩を味わうことになる。彼らは，国を移ることで経済的な基盤のみならず社会的なよりどころもなくしてしまっている。しばしば，社会の最下層に位置づけられ，そこから生活を築き始めなければならない。

　本章では，『この自由な世界で』と『やさしくキスをして』を取り上げる。前者は外国人労働者にかかわるテーマを扱い，後者は移民の問題を描いた作品である。

作	品	紹	介														

『この自由な世界で』 *It's a Free World...*

(2007年，イギリス＝イタリア＝ドイツ＝
スペイン，シネカノン，96分)

「この自由な世界で」
©Sixteen Films Ltd, BIM Distribuzione, EMC GmbH and Tornasol

　キャスト　キルストン・ウェアリング
　　　　　　　（アンジー），ジョー・シフリ
　　　　　　　ート（ジェイミー），ジュリ
　　　　　　　エット・エリス（ローズ）ほ
　　　　　　　か

　スタッフ　監督：ケン・ローチ
　　　　　　　脚本：ポール・ラヴァティ
　　　　　　　字幕：齋藤敦子

　ものがたり　主人公アンジーは，働くシングルマザーである。彼女は，職業紹介事業
　　　に携わった経験を生かして，自ら外国人労働者相手の職業紹介所を開業する。とこ
　　　ろが，より多くの運転資金や事業拡張費用を確保しようと，徐々に，不法移民を安
　　　い賃金で働かせてピンハネで儲けたり，貧しさから脱するために何とか海外で働く
　　　機会を得ようとする出稼ぎ労働者を，想像とは異なる過酷な労働の実態を告げずに
　　　採用したりといった，法的にも倫理的にも問題をはらんだ行動に手を染め深みには
　　　まっていく。

　　　　自分独りで稼ぎ子どもを育てなければならない女性という経済的弱者の側に属す
　　　る主人公が，「自由な世界」に住んでいるのだからどのような行動をとっても許さ
　　　れるという自己弁護をしながら，会社をつくってより弱い立場の者たちから利益を
　　　上げようとする姿を描く。

『やさしくキスをして』 *Ae Fond Kiss...* (2004年，イギリス＝イタリア＝ドイツ＝スペイン，シネカノン，104分)

　キャスト　エヴァ・バーシッスル（ロシーン・ハンロン），アッタ・ヤクブ（カシ
　　　　　　　ム・カーン）ほか

　スタッフ　監督：ケン・ローチ
　　　　　　　脚本：ポール・ラヴァティ

　ものがたり　スコットランドの高校で音楽教師として働くアイルランド系の女性ロシ
　　　ーン・ハンロンとパキスタンからの移民２世の男性カシム・カーンとの恋愛を描
　　　いた映画である。彼らの間の葛藤を通じて，たとえ新たな永住の地を得たとしても，

その後も長く続く移民とその家族の苦悩を描き出している。

　移民の第 1 世代が生活のために始める典型的なビジネスとして外国料理レストランと外国食材店があるが，映画は，カシムの父親が経営する小売店のシーンから始まる。大手のスーパーでは取り扱っていないような外国の食材や調味料を売る店で，日本のコンビニエンス・ストアほどのスペースがあるが，コンビニほど明るく整理整頓が行き届いているわけではない。第 1 世代が通り越してきた苦労がしのばれる。

　高校教師ロシーンは，アイルランド系，カトリック，女性ということから，イギリス国教徒を中心とするイギリス社会においては三重の意味で弱者である。しかし，そんな彼女ですら，パキスタン移民 2 世である恋人のカシムが背負っているものをすべて理解できるわけではない。イスラム教徒であるカシムの両親は，パキスタンの伝統的な考え方を強く持っている。また，彼らがイギリスにたどり着くまでに経験した苦悩は，豊かな国で生きている者の想像を絶するものがある。違う宗教，違う文化，異なる経験によって生まれた両者の距離は，簡単には埋まらない。映画も，彼らが今後乗り越えなければならない問題の重さを予感させたまま終わっている。

🎥◀ 国境を越えた労働移動のメリットをめぐる受け入れ国内の対立

　経済学の理論は，国境を越えた労働移動は，受け入れ国にとっても送り出し国にとっても基本的には経済的利益をもたらすことを予想している[1]。受け入れ国においては，従来の国内労働力に海外から流入した労働力が加わることで，国内の労働供給が全体として増加する。結果，賃金が低くても働きたいという人が増え，賃金の低下圧力が強まる。企業は安い賃金で多くの労働者を雇えるようになるので事業を拡張でき，より大きな利益を手に入れることができる。

　一方，受け入れ国の労働者は，海外からの労働者の流入によって低く抑えられた賃金のもとでも働きたいと思う者しか仕事に就けないことになる。これまで高い賃金を得ながら働いていた多くの国内労働者は，海外から流入した労働者に仕事を奪われるという事態に直面する。すなわち，彼らは職を追われるか

●1　国境を越えた労働移動がもたらす影響に関する研究をまとめた教科書的な書籍に，Powel（2015）や Borjas（2016）がある。

低賃金で働くことに甘んじるかという選択を迫られる。以上のような結果がもたらされることから，受け入れ国においては，海外からの労働の流入を，企業は歓迎し，労働者は反対するという動きが生じる。

　しかし，受け入れ国全体で考えると，企業の利益の増分が労働者の利益の減少分を補って余りあるほど大きいことが予想されるので，労働者の受け入れはプラスになる。また，利益を享受できるグループと不利益を被るグループ間の軋轢は乗り越えられないわけではない。企業利益の増加分の一部を再配分し，不利益を被る労働者の損失部分を補うようにすればよい。

　送り出し国においては裏返しの結果が生じる。国内の労働供給は労働者の海外流出によって減少し，その結果，労働力が不足し賃金は上昇する。これにより，国内企業は事業の縮小を余儀なくされ利益が圧迫される。しかし，もともと国内では仕事に就けなかった労働者が，海外で仕事を得て所得を手に入れている。彼らが手にする所得の増分が企業の損失よりも大きければ，国民全体としては利益が増加することになる。また，富の再配分政策としては，労働者の利益の増分の一部をもって，企業の利益の損失を補填すればよい。

　ただし，移民として国境をまたいで移動するか外国人労働者として移動するかによって，労働者の利益がどちらの国に属するかが変わってしまう。国籍を取得し移民した場合，流入してきた労働者は受け入れ国の国民となる。したがって，彼らが新天地で得た稼ぎはその国の国民所得に反映される。永住権を得た場合も，長期的に受け入れ国で生活することになるので，そこに稼いだ金を留め置くこととなり，その国の富を増加させる。

　ところが，外国人労働者として比較的短期間だけ滞在する場合には，事情が異なってくる。他国籍のままであるから，外国人労働者の所得は受け入れ国の国民所得とは見なされない。実際にも，出稼ぎが目的であるため，手に入れた労働報酬の多くは本国に送金されるか帰国時に国外に持ち出されることになり，受け入れ国の富を増加させるわけではない。

　いずれにしても，理解しやすくするために単純化を恐れず組み立てた理論では，国境を越えた労働移動は，受け入れ国と送り出し国の両方を豊かにすることを予想している。では，なぜ映画で見たような悲劇が起きるのだろうか。

　最大の問題は，上記の説明からもわかるように，海外からの労働力の流入は

国全体としてはプラスであるが，利益を得る者と損失を被る者の両方が生まれるという点にある。次項以降で，外国からの労働力の流入が，どのような影響を及ぼすかに関して，詳しく検討しよう。

　海外から流入してくる労働力が及ぼす影響は，その質に左右される。一般に労働力といっても，能力や技能のレベルはさまざまである。未熟練労働者が大量に流入してくる場合と，高技能者や技術者が流入してくる場合では，予想される結果は大きく異なってくる。

外国人技能実習制度

『この自由な世界で』が取り上げているのは，おもに未熟練労働者である。主人公のアンジーは，当初は正規のルートで入ってくる外国人労働者を企業に斡旋する仕事に就いていた。しかし，ハラスメントを受けるような形でその仕事をクビになった後，自ら外国人労働者を斡旋する事業を手がけることになる。そこでも当初は順調であったが，開業時に負った借金や事業を拡大していく資金のために，だんだんと不法な行為に手を染めていく。

　日本で外国人の未熟練労働者を受け入れようとした場合には，外国人技能実習制度が適用される。ここ数年で対象者が急速に増加しており，2018 年は32.8 万人に達した。この制度は，目的通りの成果を上げている面もあるが，一方で多くの問題も抱えている。

　同制度は，「我が国で培われた技能，技術又は知識の開発途上地域等への移転を図り，当該開発途上地域等の経済発展を担う『人づくり』に寄与する」ことを目的としており，技能実習は，「労働力の需給の調整の手段として行われてはならない」とされている[2]。そのため，各カテゴリーにおいて細かく職種が限定されており，行える作業も定められている。

　しかし，実態としては，技能や技術・知識の移転という本来の目的から外れて，実習生が単に廉価な労働力として扱われている可能性を否定できない。そもそも，定められた在留期間が最長 5 年というのは，まったくの未熟練で訓練

●2　外国人技能実習機構ウェブサイト参照。根拠法として「外国人の技能実習の適正な実施及び技能実習生の保護に関する法律」がある（技能実習法，平成 28 年法律第 89 号）。

を始めた者が熟練するのに十分であるとは考えられない。したがって，この制度を通じて習得できる技能・技術のレベルには限界がある。企業側も，5年後に確実にいなくなる者を，多くの時間と労力を割いて指導しようとは思わないであろう。映画でも，被服工場でひたすら単純作業を繰り返す外国人労働者が映される場面がある。日本でも同様に，最も低い職位の仕事に従事し続けている者が少なからずいる可能性があるのである。

　また，それのみならず，実習生が実習期間や許可された滞在期間を過ぎても帰国せずに，不法滞在のまま働き続けるという問題も生じうる。作品のなかで，アンジーは，自分が働いている間に子どもの面倒を見てくれている父親と，公園のベンチで次のような象徴的な会話を交わす。

> アンジーの父：孫の将来が心配なんだ。5, 6年後に卒業して社会に出るころは，コソボ人やルーマニア人と仕事の取り合いだ。それも最低の賃金でな。
>
> 　　（略）
>
> アンジー：（私は，外国人労働者たちに）チャンスをあげているわ。
>
> アンジーの父：チャンスだって？　祖国に戻れば教師や看護師，医師が，ここではウェイターだ。それも最低賃金で［🌐 0:57:50～］

　海外に行って仕事をする背景には，母国では満足できる仕事が見つからないという問題がある。したがって，許可された滞在期間が終わっても帰国せず，不法とは知りながらも仕事を続けようとする者が出てくることは想像に難くない。彼らは不法滞在者であるがゆえに，最低賃金以下の報酬など法律に違反するような労働条件でも，仕事がある限り働こうとする。また，労働環境が整備されておらず危険がともなう仕事であっても受け入れようとするし，不当な扱いを受けても問題を顕在化させようとしない。

🎥 高度化する外国人人材

　期限を区切って海外からの労働力を短期的に受け入れるのではなく，現地人と同様に就労する者として受け入れる場合もある。日本においては，2017年

図 15-1　在留外国人数の推移（在留資格別，各年末）

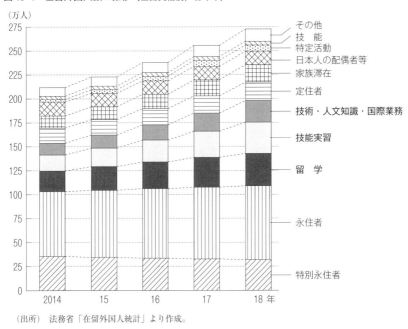

（出所）　法務省「在留外国人統計」より作成。

時点で在留外国人数は 256.2 万人に達しており，そのうち就労している者は 127.9 万人にのぼる。内訳は，「専門的・技術的分野」で「就労目的で在留が認められる者」が 23.8 万人，「定住者」「永住者」「日本人の配偶者等」など在留中の活動に制限がないためさまざまな分野で報酬を受ける活動が可能な「身分に基づき在留する者」が 45.9 万人，「資格外活動」（留学生のアルバイト等）が 29.7 万人である（厚生労働省「外国人労働者の現状」）。

　図 15-1 は，在留資格別に在留外国人数の推移を示している。注目したいのは，前項で議論した技能実習生が増加している点に加えて，留学生と，技術・人文知識・国際業務に携わっている者の増加である。人数の規模も小さくなく，2018 年には，それぞれ 33 万 7000 人，22 万 5724 人となった。

　留学生の多くは大学や大学院に所属しており，知的な活動にかかわっている。また，技術・人文知識・国際業務に携わって働いている外国人も，かなり高度な仕事をしているといえる。留学生の一定層は卒業後も日本にとどまって，研

究職に就いたり，企業で高度な知識や語学力を生かして活躍したりすると考えられる。これは，すなわち，外国人と日本人の間の仕事獲得競争が，単純労働の分野だけでなく，高度な知的作業をともなう分野でも進展していることを意味している。

📽️ 移民とその定住過程

　技能実習生を受け入れたとしても不法滞在化する問題があること，また一方で，長期的に日本にとどまり仕事に携わる人々が増加していることを考えると，移民として受け入れて日本人と同等の権利を与える，あるいは日本国籍を与えるという対応も，選択肢の1つに数えうる。諸外国を見ても，近年は，アメリカ，オーストラリア，カナダ等の本来移民によって成立してきた国だけでなく，イギリスやフランス，北欧諸国なども多くの移民を受け入れるようになってきている。これはすなわち，紛争を逃れてきた者や政治的迫害を恐れて故郷を離れてきた者などに対する人道的な理由からの難民の受け入れだけでなく，知的・文化的活動から経済活動にいたるまで，さまざまな分野で新たな価値を生み出す源泉として，移民を積極的に受け入れるという動きととらえられる。

　しかし，移民の場合にも，受け入れた側と受け入れられた側の双方において，あるいは両者の間で，乗り越えなければならない多くの問題が生じる。長く移民を受け入れてきたアメリカやオーストラリアなどの国々においては，それがどのような影響を自国にもたらすかに関して，豊富な研究の蓄積がある。それらのなかで大きなテーマの1つが，移民による人口増加は受け入れ国に純粋なメリットをもたらすのかということである。

　単純に考えると，移民は受け入れ国における人口増加なのだから，移民が何らかの経済活動を行えば，その分だけ受け入れ国は豊かになるはずである。しかし，問題はそれほど単純ではない。移民の受け入れには費用がかかるからである。移民が経済的に独立できるまで，国が面倒を見なければならず，社会および政府は負担を強いられることになる。直接的な経済支援以外にも，移民が言語の習得を含め新たな国の制度や慣習を理解し，他者にも迷惑をかけず自身も不自由なく生活が送れるようになるまでの支援や，彼らの子どもたちの教育にも，多大な費用がかかる。したがって，短期的には移民の受け入れはマイナ

ス面が目立つ。

　しかし，長期的に見れば受け入れ国にとってプラスに転じる可能性は十分に
ある。少なくとも，受け入れ国の平均的な国民と同様の水準の価値を生み出し
社会に貢献するようになれば，先住者の負担に頼る必要はなくなる。さらに，
移民が新しい価値を持ち込み，先住者の生活を豊かにするようになれば，社会
や国家全体にとってもメリットが生まれる。

　このような過程は，移民やその子孫の側から見ても重要な意味を持つ。多く
の場合，移民の第 1 世代は，新たな社会に何らの社会経済的基盤を持たないた
めに，単純労働に従事する場合が多い。そうして苦労を重ね，わずかの資金が
貯まった段階で，小さな食品店やレストランを開業する。金銭的な余裕ができ
た家庭では，子どもには十分な学歴を与えて経済的基盤を確立させようとする。

　第 1 世代は，おもに言語の問題と，もといた国での資格や学歴が移民先では
有用でないことにより，大きなハンディを背負う。とりわけ言語の壁は決定的
で，コミュニケーションができないことが，持っている知識や技能を生かせな
いことにつながってしまう。単純に会話ができるだけでは限界がある。文書の
やりとりが欠かせないホワイトカラー職では，読み書き能力が決定的に重要な
職務遂行能力になるからである。

　多くの国では一般的に，第 2 世代は所得で見る限りは平均的階層に入るよう
になるが，移民してきた国で社会的ネットワークを十分に構築できていないた
めに，専門的技術を身につけそれを生かせる職業に就く傾向がある[3]。そして第
3 世代にいたると，多くは受け入れ国の経済社会に同化し，なかにはより高い
階層に到達する者も出てくる[4]。

　『やさしくキスをして』にも，このような過程が描かれている。主人公カシム
の父親は，移民第 1 世代で小さな食料雑貨店を営んでいる。英語は話せるが，
学歴や技術は持ち合わせていない。また，イギリスにたどり着くまでに，きわ
めて悲惨な経験をしている。以下の会話は印象的である。

---

[3] 国境を越えてきた人々の子孫の教育は，彼らを受け入れる国々が共通に抱える問題で
ある。松尾（2017）が示すように，OECD も世界的な課題として近年重要視している。
[4] 勇上（1999）は，在日朝鮮人の賃金を世代を超えて追跡し，キャッチアップ過程を分
析した，稀少かつ優れた研究の 1 つである。

　　カシム：写真を見せてあげよう。……パパは双子なんだ。

　　ロシーン：見せて，可愛い。……ここはどこ？

　　カシム：インド，8歳の誕生日だ。独立の2カ月前，1947年だ。独立後
　　　　イスラム教徒はパキスタンに移住，ヒンズー教徒と袂を分かった。
　　　　1500万人の大移動，パパたちも。地獄のようだったと。国中が宗教で
　　　　対立しヒステリー状態。イスラム教徒とヒンズー教徒が殺し合った。何
　　　　百何千もの人々が死んだ。パパたちはある村の外で待ち伏せに遭って，
　　　　弟が誘拐されてしまった。それっきり二度と会えなかった。パパの永遠
　　　　の心の傷だ。

　　ロシーン：弟さんの名前は？

　　カシム：カシム［🌐 1:08:36～］

　移民として国を離れてくる人々の背景にある苦労は，平安な生活を送ってき
た受け入れ国の人間の想像を超えることがある。そのギャップが，相互の歩み
寄りを困難にしていることが多い。

　映画で，カシムら第2世代は，有名大学への進学を考えるほどになっている。
しかし，第1世代の考え方や文化・慣習，宗教的背景，移民コミュニティでの
人間関係，さらに差別をも背負っている。無事に移民を果たし生活ができるよ
うになった後も，世代をまたいで苦悩が継続している。

▶ 難　民

　国境を越えた労働移動は，経済の問題にのみとどまらず，世界の政治をも動
かす。受け入れた国にもとから住む経済的に恵まれない者たちのなかには，自
分たちが置かれている状況を移民の流入によって生じたものと考え，排外的な
意見に傾く者も出てくる。

　こうしたことが国家主義的な風潮を生み出し，ヨーロッパのいくつかの国で
は自国第一主義を唱える政党が進出する背景になっている。イギリスがEUか
らの離脱を決めたブレグジット（Brexit）は，典型的な現象である。EU内では
労働移動が自由であるため，他のEU加盟国に流入した大量の難民が受け入れ
国の労働者の仕事を奪い，難民のみならず，そうしてEU内の他国で仕事を得

られなくなった者たちも，イギリスに流れ込んでいるという主張が，政治にも
反映された結果である。アメリカにおいても同様の構造が生まれている。メキ
シコからの不法移民は，単にそれが不法であるという問題だけでなく，彼らが
アメリカの労働市場に影響を及ぼしている点でも問題視されている。そうした
現象が人々の不安をかき立て，自国第一主義を唱える政治勢力の基盤を強固な
ものにしている。

　ひるがえって日本の状況はどうだろうか。震災やその後立て続けに起こった
災害からの復興のため，土木建築分野における労働需要が増加し，これに国際
的イベントの準備に向けた公共投資が加わって，労働力不足は深刻な問題とな
っている。また長期的にも，出生率の好転が見込まれず，少子高齢化のさらな
る進展が予想される現況を踏まえると，もはや海外からの労働供給に頼らざる
をえないのかもしれない。

　しかし，本章で取り上げた映画は，海外からの労働力の受け入れは，短期的
なものであれ移民という形での長期的なものであれ，深刻な社会問題をともな
うことを教えてくれている。経済的軋轢，文化的拒否感，生活様式や慣習面で
の離齬など，心理面・制度面で多くの壁を相互の理解を深めながら乗り越えて
いかなければならない。日本人にその準備はできているだろうか。

● 参 考 文 献

松尾知明（2017）『多文化教育の国際比較——世界 10 カ国の教育政策と移民政策』明石
　　書店。

勇上和史（1999）「日本の労働市場における移民の差別と同化——定住外国人労働者の
　　賃金構造」『日本労働研究雑誌』第 473 号，78-89 頁。

Borjas, George J.（2016）*We Wanted Workers: Unraveling the Immigration Narrative*, W.
　　W. Norton.（岩本正明訳『移民の政治経済学』白水社，2018 年）

Powel, Benjamin, ed.（2015）*The Economics of Immigration: Market-based Approaches,
　　Social Science, and Public Policy*, Oxford University Press.（藪下史郎監訳『移民の経
　　済学』東洋経済新報社，2016 年）

COLUMN about movies

国境を越えた人々

　国境を越えた人が直面する問題は，グローバル化が進む海外では日常的に取り上げられる映画のテーマである。本章の2作品の監督であるケン・ローチは，『ブレッド&ローズ』（2000年）では，アメリカにおけるメキシコからの不法移民問題を取り上げている。移民先での差別や仕事における搾取など，より豊かな国に移民することが必ずしも思い描いた生活を保証するわけではないことがわかる。

　また，『ぼくの国，パパの国』（1999年）は，第1世代と第2世代の関係を描いて評価の高い映画である。父親がパキスタン人，母親がアイルランド系イギリス人でカトリックという設定は，まるで『やさしくキスをして』のカシムとロシーンの物語の続きを見るようである。

　現地語ができるのがきわめて重要だということは，『マダム・イン・ニューヨーク』（2012年）を見るとよくわかる。『クロワッサンで朝食を』（2012年）においても，主人公が家政婦の仕事を見つけてエストニアからフランスに移り住むことができた要因は，フランス語が多少できたからであることが見て取れる。

　世界規模で人が移動している現在，世界中で人材の獲得競争が起きている。日本が有能な人材を集められる魅力的な国であるか，さらに彼らがそこにとどまって長期的に貢献したいと思わせる社会を築いているか。今後いかなる国をつくり，グローバル化した世界の一員として生きていくのかを，真剣に考える時期にきているといえよう。

おわりに　　　　働く人，これから働く人に向けて

職業人生のかたわらにある本を目指して

　筆者らは，キャリアデザインに関心を持ってくれる人ならば，若い学生たちだけでなく，かなり幅広い読者を想定して，本書を執筆した。これから社会に飛び出し，働き始める学生たちにも読んでほしいし，すでに働いている社会人にも読んでほしい。もしかしたら，もう仕事は引退したという方にも，自分のキャリアを振り返りながら読書と映画を楽しんでもらえるかもしれない。そんな，いろいろな読者を想像すると嬉しくなる。

　人生のなかで働くことが占める時間は長く，仕事が人生観をつくっているといっても過言ではない。仮に宝くじに当たり，一生困らないほどのお金が手に入ったとしても，人は何らかの形で働くことを考えるのではないだろうか。必ずしも対価が支払われる労働だけが仕事ではない。私たちは，ボランティア，家庭生活，趣味などの社会的活動のなかにも「仕事」を見出すことがある。本書を教科書として入手する学生は多いと思うが，筆者らの希望は，卒業後の人生の折々にこの本がみなさんのかたわらにあり，仕事について考えるきっかけになることである。

　そもそも「キャリア」（career）とは，中世ラテン語の「轍（わだち）」が転じて，競技場におけるコースやトラックを意味するようになった語からきている。現在のようにアスファルト舗装などされていない中世では，牛車や馬車の車輪の跡が路上に残る。これが轍である。そのような空間上の軌跡を指していたものが，徐々に時間の経過を表すものへと変容し，人生の経歴と結びつけて「キャリア」という言葉が用いられるようになった。人の一生における経歴一般のことは，頭にライフをつけて「ライフキャリア」と呼ばれる。また，そのうち職業を切り口としてとらえた場合の経歴を，「職業キャリア」と呼ぶ。このように，時間の流れの意味を含む概念であるキャリアをデザインするとは，人生のそれ

それのタイミングで仕事や生活を選ぶことを意味する。

２つのジリツの両立

　キャリアの選択は個人の判断に委ねられているように見えるが，自信を持って自律的にキャリアを選べていると答えられる人がどれだけいるのだろうか。なんとなく流されて選んだ人もいるのだろう。もしくは，経済的事情などで仕方がなく希望しないキャリアを選んだ人もいるかもしれない。経済的な自立と，自分のキャリアをコントロールできているという自律を成り立たせるのは，なかなか難しいのである。だからこそ，この２つの「ジリツ」の両立がキャリアデザインには欠かせないともいえる。

　では，どのようにすれば，この２つを両立できるのだろうか。

　まず考えられるのは，社会や組織の変化に対し，偏見などを排して正確な認識を持つことである。巻頭の「はじめに」でも述べたように，現在は，社会も組織も大きく変動している時期である。その変動を正しく認識しなければ，経済的自立はもちろんのこと，自律的キャリア選択も難しく，周りの環境に流されるままになってしまう。社会科学諸領域の研究成果は，その専門性ゆえに一般に読まれることは少ないが，私たちを正しい認識に導いてくれる。

　次に，そのようにして手に入れた認識を，自らのキャリア選択や自らが所属する組織を変えるのに役立てることである。認識が正確で，幅広い知識があっても，それらを使って行動できなければ，宝の持ち腐れである。保有した知識を実践知に変容させられることは，キャリアデザインのための必要条件であろう。

　本書が紹介してきた仕事映画における主人公たちの職業人生と，舞台となった社会（の変化）を思い返せば，キャリアデザインにおける以上２つの能力の必要性は理解してもらえると思う。

　しかし，ここで留意しなければならないのは，これらの能力は，２つのジリツを両立させるという目的を果たすために必要ではあるが，それだけでは，どのような形で２つのジリツが両立するのが望ましいか，すなわち，それぞれの人にとっての目的の中身は見つからないということである。したがって，必要な能力をもう１つ付け加えるとすれば，それは，自分の人生の目的を発見する

力であるといえる。なお，このことをより正確にいうと，目的という正解がもともと世の中に存在するのではなく，人生や社会に対し各人が目的をつくり上げているのである。

ストーリーと意味づける力

　目的をつくる能力の必要性は，生活維持のために働くという経済的側面だけで職業人生が割りきれないことを示唆する。日本ではじめて職業に関する体系的研究を行った社会学者の尾高邦雄は，職業の3要素として，「生計の維持をめざす人間の継続的な活動」に加え，「役割の実現」と「個性の発揮」をあげた（尾高，1941）。すなわち，職業は食べるためだけにあるのではなく，人は職業を通じて社会的分業のなかで他者とつながったり，他者に向けて自己表現したりしているということである。

　実際のところ，職業人生の目的をつくるのは，そう簡単ではないと思う。景気もよくて，企業も拡大しており，自分も若くて将来の展望が明るいときであれば，キャリアデザインに無頓着でいられるかもしれない。しかし，たびたび不景気に襲われ，産業構造が転換し，天変地異なども避けられないなかにあっては，これこそが自分の目的と思っていたものに失望することもあるのだろうし，自分の努力や能力とはまったく関係のない要因で目的を強制的に奪われることもあるのだろう。職業人生が無意味に感じられ，喪失感を抱くこともあるかもしれない。

　本書が，単に労働経済学・人的資源管理理論・産業社会学の理論を教えるだけの教科書ではなく，映画という要素を加えることで伝えたいと考えたのは，こうした働く人々にとっての意味づけの部分である。映画をはじめとした文化的コンテンツによって，新たな価値観を創出したり，いったん喪失した意味をふたたび構築したりするための力を養うことができると，筆者らは考えている。文化的コンテンツが持つこのような機能は，社会科学研究では余分なものとして排除されることもあった。しかし，目的とは意味づけであり，意味づけは広義のストーリーによってなされるとするならば，仕事映画というストーリーに対してあれこれと解釈を積み上げることは，単に楽しいというだけでなく，私たちの意味づける力を養うといえるのではないだろうか。

本書が，読者のかたわらにあり続け，みなさんが自分の職業人生を意味づけようとする際に，この本のことを少しでも思い出し，読み直してくれたなら，著者として，これほど嬉しいことはありません。

　本書を読んでくれたみなさん，いずれまた，どこかでお会いしましょう。

● **参 考 文 献**

尾高邦雄（1941）『職業社会学』岩波書店。（改訂掲載：『尾高邦雄選集 第 1 巻 職業社会学』夢想庵，1995 年）

あ と が き

　本書の企画は，梅崎が 2013 年度に，London School of Economics and Political Science（LSE）の Department of Management に Visiting Scholar として滞在していたときに始まる。International Employment Relations という授業を受講したところ，講義内容に合わせた各国の仕事映画の鑑賞会が，別に時間をとって催されていた。講義内容自体は学生向けの基礎的なものであったが，何しろヨーロッパにおいて各国の労使関係を学ぶのである。日米や日欧という比較が中心となっている日本の大学とは異なり，ヨーロッパ内だけでも各国が比較され，かなりの多くの国々の事例が取り上げられていた。世界中から集まってきた受講生たちは，映画を見ることで各国の労働事情を知り，登場人物を通して外国の働く人たちについて想像をめぐらせていたのだと思う。

　何よりも映画は楽しい。映画によって得られた各国の労働者への想像力が，学習への意欲も高めているように感じられた。

　このような映画の使い方を見ても，慌ただしく授業や学務に追われているときであったら，所詮は他国の他大学のことだと考えて，自分とは別世界の話と思ってしまったに違いない。ところが，在外研究中の自由な時間，さらに久しぶりに授業を受けるという立場の逆転も手伝って，新しい研究をしたり面白い授業をつくろうという灯がともる感覚があった。

　同じころフランスに滞在していた脇坂は，梅崎の訪問を受け，この授業について熱く語るのを聞くことになった。「日本でもそんな授業がつくれるといいよね，仕事映画を見る研究会をしよう」と話し合った記憶は，今も 2 人に共有されている。そして梅崎が在外研究を終えた 2014 年度，こんな遊びのある企画には必ず関心を示す松繁が勧誘された。

　当然，答えは YES。じつは松繁も，ちょうど同時期に本務校で映画を使った授業を企画していたのだ。意気投合，たった 3 人の仕事映画研究会が始まったのである。

　1 年に 2 回程度，大阪か東京に集まって，それぞれがお気に入りの映画を持ち寄り，その解釈について自由な議論を積み重ねる。研究会中のわれわれの感

想を紹介すれば，「ほかにはない，自由で，面白く，同時にしんどい研究会」ということになる。精密さや速さを競い合うのではなく，1つ1つの事例を面白いかどうかという基準で吟味したうえで，思考をどこまで伸びやかに広げられるかが問われる研究会だったからである。そして，議論を裏づける社会科学の知見や情報に関しても，自分たちの狭い意味での専門領域だけでは対応できないため，自由の苦痛を味わいつつ，諸学問の研究蓄積を総動員して歴史と社会について調べることとなった。

　授業や学務の合間を見つけながら研究会を続けるなかで，この議論を丸ごと味わってもらえるような書籍をまとめることが目標となっていき，今度は議論をもとに執筆を行う日々が始まった。その間，本務校の授業，学習院さくらアカデミー，大阪大学 CO デザインセンター，株式会社 Schoo（スクー）などで講義の機会を得ることができ，受講生のみなさんとやりとりしながら執筆を進めることができた。ここに記してお礼を申し上げたい。

　出版に際しては，有斐閣の渡部一樹さん，得地道代さんに，たいへんお世話になった。実際に仕事映画研究会にも参加して議論の雰囲気を感じてもらった後，原稿にその議論の楽しさが活かされているか，それが読者に届くのかどうかについて，的確なコメントをいただいた。本書のように幅広い読者を対象とするとき，編集者との二人三脚は欠かせなかったと思う。この場をお借りしてお礼を申し上げます。

　さて，すべての原稿を入稿し，最後にこのあとがきを書いている今，執筆の苦労はとっくに吹き飛んでいる。そして，読者のみなさんとの出会いを待ちわびている。読者にあれこれ求めるのは著者のエゴであろうが，1つだけお願いがある。

　みなさん，もしこの本を読んでもらえたのなら，ぜひ仕事映画も見てください。われわれもまた，仕事映画を見続けることをやめない，いや，やめられないのである。

　2020 年 4 月
　新型コロナウイルス感染拡大によって〈新しい学び方〉が求められる時代の入口で

梅崎修・松繁寿和・脇坂明

索　引

事 項 索 引

組織名索引

人 名 索 引

222 索 引

映画等タイトル索引

● アルファベット

ALWAYS 三丁目の夕日　ⅱ, 83
THE 有頂天ホテル　140

● あ 行

あゝ野麦峠　116
アメリカン・ビューティー　77
あん　93
インサイド・ジョブ 世界不況の知られざる真
　　実　142
インターンシップ　6
ウォール街　142
ウォール・ストリート　142
おしん　118
男はつらいよ 寅次郎真実一路　62
終わった人　108

● か 行

会社物語 MEMORIES OF YOU　181
カンパニー・メン　77
キャピタリズム マネーは踊る　142
キング・オブ・マンハッタン 危険な賭け
　　142
9時から5時まで　50
クロワッサンで朝食を　208
県庁の星　39
孤独のグルメ　93
この自由な世界で　201

● さ 行

サラリーマンどんと節 気楽な稼業と来たもん
　　だ　174
幸福の黄色いハンカチ　149
幸せのレシピ　93
下町の太陽　57
就職戦線異状なし　7
二郎は鮨の夢を見る　93
深夜食堂　93

スーダラ節 わかっちゃいるけどやめられねぇ
　　175
スーパーの女　33
そして父になる　188
そらのレストラン　93

● た 行

大学は出たけれど　6
大統領の料理人　93
団地日和　58
タンポポ　93
天国と地獄　190
とらばいゆ　68

● な 行

何 者　12
ニッポン無責任時代　174
ニッポン無責任野郎　174

● は 行

遙かなる走路　134
パレードへようこそ　154
フラガール　147
ブラス！　153
プラダを着た悪魔　45
フリーター　8
プリティ・ウーマン　133
フレッシュマン若大将　6
ブレッド＆ローズ　208
ぼくの国，パパの国　208

● ま 行

マイ・インターン　98
マイ・フェア・レディ　130
マージン・コール　142
マスカレード・ホテル　140
マダム・イン・ニューヨーク　208
マダム・マロリーと魔法のスパイス　93
摩天楼はバラ色に　51

「仕事映画」に学ぶキャリアデザイン
Workplace Movies for Your Career Designs

2020 年 7 月 20 日　初版第 1 刷発行

著　者	梅うめ	崎ざき		修おさむ
	松まつ	繁しげ	寿ひさ	和かず
	脇わき	坂さか		明あきら
発行者	江	草	貞	治
発行所	株式会社	有	斐	閣

郵便番号　101-0051
東京都千代田区神田神保町 2 -17
電話　(03)3264-1315〔編集〕
　　　(03)3265-6811〔営業〕
http://www.yuhikaku.co.jp/

印刷・萩原印刷株式会社／製本・大口製本印刷株式会社